荊楚文庫

〔嘉靖〕巴東縣志

〔明〕許周　修

〔明〕楊培之　纂

〔萬曆〕巴東縣志

〔明〕李光前　纂修

荊楚文庫編纂出版委員會
湖北人民出版社

荆楚文庫

〔嘉靖〕巴東縣志
JIAJING BADONG XIANZHI

〔萬曆〕巴東縣志
WANLI BADONG XIANZHI

圖書在版編目（CIP）數據

〔嘉靖〕巴東縣志 /〔明〕許周修；〔明〕楊培之纂.
〔萬曆〕巴東縣志 /〔明〕李光前纂修.
武漢：湖北人民出版社，2020.6
ISBN 978-7-216-09833-5
Ⅰ. ①嘉…②萬…
Ⅱ. ①許…②楊…③李…
Ⅲ. 巴東－地方志－明代
Ⅳ. K296.34
中國版本圖書館 CIP 數據核字（2019）第 260332 號

責任編輯：姚德海　陳　典　鄭如琴
整體設計：范漢成　曾顯惠　思　蒙
美術編輯：董　昀
責任校對：范承勇
責任印製：王鐵兵
出版發行：湖北人民出版社（中國・武漢）
地址：武漢市雄楚大道 268 號
電話：(027)87679656　郵政編碼：430070
録排：武漢偉創偉業廣告有限公司
印刷：湖北新華印務有限公司
開本：787mm×1092mm　1/16
印張：22.5
字数：310 千字
版次：2020 年 6 月第 1 版　2020 年 6 月第 1 次印刷
定價：118.00 元

ISBN 978-7-216-09833-5

《荆楚文庫》工作委員會

主　　任：應　勇

第一副主任：王曉東

副 主 任：王艷玲　梁偉年　肖菊華　尹漢寧　郭生練

成　　員：韓　進　陳　亮　盧　軍　陳樹林　龍正才
雷文潔　趙凌雲　尚　鋼　陳義國

辦公室

主　　任：陳樹林

副 主 任：張良成　陳　明　李開壽　周百義

《荆楚文庫》編纂出版委員會

顧　　問：羅清泉

主　　任：應　勇

第一副主任：王曉東

副 主 任：王艷玲　梁偉年　肖菊華　尹漢寧　郭生練

總 編 輯：章開沅　馮天瑜

副總編輯：熊召政　陳樹林

編委（以姓氏筆畫爲序）：朱　英　邱久欽　何曉明
周百義　周國林　周積明　宗福邦　郭齊勇
陳　偉　陳　鋒　張良成　張建民　陽海清
彭南生　湯旭巖　趙德馨　劉玉堂

《荆楚文庫》編輯部

主　　任：周百義

副 主 任：周鳳榮　周國林　胡　磊

成　　員：李爾鋼　鄒華清　蔡夏初　王建懷　鄒典佐
梁瑩雪　黄曉燕　朱金波

美術總監：王開元

出版説明

湖北乃九省通衢，北學南學交會融通之地，文明昌盛，歷代文獻豐厚。守望傳統，編纂荆楚文獻，湖北淵源有自。清同治年間設立官書局，以整理鄉邦文獻爲旨趣。光緒年間張之洞督鄂後，以崇文書局推進典籍集成，湖北鄉賢身體力行之，編纂《湖北文徵》，集元明清三代湖北先哲遺作，收兩千七百餘作者文八千餘篇，洋洋六百萬言。盧氏兄弟輯録湖北先賢之作而成《湖北先正遺書》。至當代，武漢多所大學、圖書館在鄉邦典籍整理方面亦多所用力。爲傳承和弘揚優秀傳統文化，湖北省委、省政府决定編纂大型歷史文獻叢書《荆楚文庫》。

《荆楚文庫》以「搶救、保護、整理、出版」湖北文獻爲宗旨，分三編集藏。

甲、文獻編。收録歷代鄂籍人士著述，長期寓居湖北人士著述，省外人士探究湖北著述。包括傳世文獻、出土文獻和民間文獻。

乙、方志編。收録歷代省志、府縣志等。

丙、研究編。收録今人研究評述荆楚人物、史地、風物的學術著作和工具書及圖册。

文獻編、方志編録籍以一九四九年爲下限。

研究編簡體横排，文獻編繁體横排，方志編影印或點校出版。

《荆楚文庫》編纂出版委員會

二〇一五年十一月

總目録

荆楚文庫

〔嘉靖〕巴東縣志

〔明〕許　周修
〔明〕楊培之纂

《荆楚文庫·方志編》編纂組

組　　長：賀定安　陽海清（執行）

副 組 長：劉傑民（執行）　王　濤　謝春枝　范志毅（執行）

參編人員（按姓氏筆畫排名）：

王　濤　李云超　宋澤宇　范志毅　馬盛南　陳建勛

梅　琳　張　晨　張雅俐　陽海清　彭余焕　彭筱瀓

賀定安　楊愛華　劉傑民　潘　玲　謝春枝　嚴繼東

編　　審：周　榮

顧　　問：沈乃文　李國慶　吳　格

前言

《〔嘉靖〕巴東縣志》三卷，明許周修，明楊培之纂，明嘉靖三十年（一五五一）刻本。

許周，字希旦，廣東曲江人，拔貢，嘉靖丙午（一五四六）官巴東知縣。楊培之，四川閬中人，監生，官巴東訓導。

據《〔同治〕巴東縣志》沿革篇所載：巴邑古爲荆州之域，周爲夔子國地，秦漢爲南郡巫縣地，三國屬蜀，爲涪陵郡；隋開皇十八年（五九八）廢郡始置巴東縣，唐武德二年（六一九）置歸州，轄秭歸、巴東二縣，隸山南東道；宋隸荆湖北路，元隸湖廣行中書省，明隸夷陵州，清屬宜昌府，隸荆宜施道。

明以前邑志無考。明正德七年（一五一二），知縣何山等曾修縣志二卷，惜今不見傳本。許周蒞任，索觀舊志，「其書歲久，所紀多滲漏，而義或未備，用是耿耿于懷」，遂有意重校，然時未暇，適逢撫臺修全楚志而檄徵邑志，乃托楊培之等「廣諮民風，慱采群籍，因舊志而少加損益，越彌月而成編」。

志分三卷：卷一輿地紀（沿革、星野、疆域、形勝、山川、城市、里都、關梁、古蹟、民數、物産、田賦、徭役），卷二政教紀（公署、廟學、神祀、歷宦、宦蹟、選舉、人物、風俗、貞烈、僑寓、郵傳、鋪舍、惠政、亭臺、寺觀、方伎），卷三藝文紀（詩歌、記），志前有荆南道右參政江姜恩前敘、許周自敘，另有目録，且有圖可考，可觀是志大略。全書不足七十頁，總約萬字。

巴邑多山，故山川一目收録較多，所紀甚詳，多載其地理方位。與賦役徵收有關的民數、田賦、徭役等目，紀事皆自明成化八年（一四七二）起，止於嘉靖二十年（一五四一），體現出重視實務的修志傾向。藝文卷所收詩歌，含唐人三十首，宋人十六首，今人五十首；所收碑記，含宋人一篇，今人四篇，皆以今人之作爲主。全書結構精簡，於各門之下盡列各目，便於查閲。《中國地方志總目提要》稱其「義例簡明而合乎體要」，評價甚高。

據《中國地方志聯合目録》，是志惟天一閣有藏，爲海内孤本，一九八九年上海書店影印彙入《天一閣藏明代方志選刊續修本》，該藏本整體書品較好，僅少許頁碼有浮墨、漫漶，兹據此影印。

（彭余焕）

目録

巴東縣志前叙

古者列國皆有史官掌記時事非徒載事實備咨訪所以昭勸懲示天下後世者也今之郡縣亦各有志其古之遺意乎若書其善而諱其惡詳其美而畧其疵又非所以昉史筆也故借鋤德色取箒誶語漢史不削熾鉗密網談甕納賕

唐史備書豈作者無為而故為是嚴且
核哉予巡歷至巴東縣令魏子鐸教官
涂子允暨揚子培之以成志請叙予歷
歷檢閱沿革星野疆域形勝山川城市
里都關梁古蹟民數物產田賦徭役紀
之輿地公署廟學神祀歷官宦蹟選舉
人物風俗貞烈流寓惠政亭臺寺觀方

攸紀之政教而藝文則又别爲紀以録
之觀此而已東之盛槩可見矣然晉宋
以名邑稱而今楚之瘦邑獨歸之巴東
者豈地非其地民非其民耶意已往官
司積弊所致遡而按之立政者古止急
胡徐周今止鮑張何龔外此惟書任歲
而已立教者惠榮陳汝秀湯世宦之外

二

惟註厥名焉恐餘皆後志于物而惟身
家之計素尸於位而匪功業之脩懸恠
爭邑之不治也
國家百八十年養士爲民而巴東之官志
於志者若此良可慨也今之立政教者
考皆一時俊彦而治効大有可觀尚當
敬神恤民親賢遠奸法其所當法戒其

所當戒因革損益酌古準今振疲困於
方殷飭凋廢於既墜期於政成化行洽
隆俗美上不孤
朝廷之作養下不負芸窗之苦學則巴東
之邑可以復古而後之志令應不減於
今之志昔也茲志之備而豈徒哉用以
是為當事者告

嘉靖三十年歲次辛亥夏四月朔旦
賜進士第太中大夫湖廣布政使司分守
上荆南道右參政蜀纂江姜恩　書

巴東縣志叙

巴東為縣介楚之西鄙峽水巫峰聯絡形勝林巒藪澤奇秀而深且大者盛於他邑其編里雖未及拾數而封域限帶伍陸百里遠適秦蜀雲貴冠蓋往來日惟旁午亦劇邑也嘉靖丙午冏承乏於是惶懼恫切嘗取舊志而觀之將求其故以為之理顧其書歲久所紀多滲漏而義或未備用是耿耿于懷意將重校而時未暇及適承

撫臺姜公屬叅伯丁公修全楚志檄邑志
于邑乃託邑博楊君北川庠彦向生體觀譚
生以漸廣諮民風博采群籍因舊志而少加
損益越彌月而成編既登錄以復
撫臺公之命將鋟梓於邑齋以傳今年春少
尹井君潔齋至力贊其成謂周當序其事周
曩者竊聞郡邑之志猶國之史而實則不同
史以記往志以開來記往者以存鑒戒開來
者經濟之業繫焉雖史家猶以志為難也光

體例之辨而名實之際致用有間矣是志也
簡直而不失其敀撮要提綱歷有可攷雖未
入其邑而風景事物一展卷而宛然在目所
謂開來之益不無小補諸君子亦良於用心
爲志者乎周䟕謭無似謹述其所以修校之
顛末於左是爲序

嘉靖貳拾玖年春叁月吉旦知巴東縣事曲

江龍山許周頊首拜撰

二

巴東縣志目録

卷之一　輿地紀

卷之二　政教紀

卷之三　藝文紀

西南建始縣界
前都
前都
西巫山縣界
青平鄉
寺
儒學
大江
西北房縣界

南東長陽縣界
後都
連天關
鹽井寺
後都
安居鄉
巴東縣
東歸州界
北
北東興山縣界

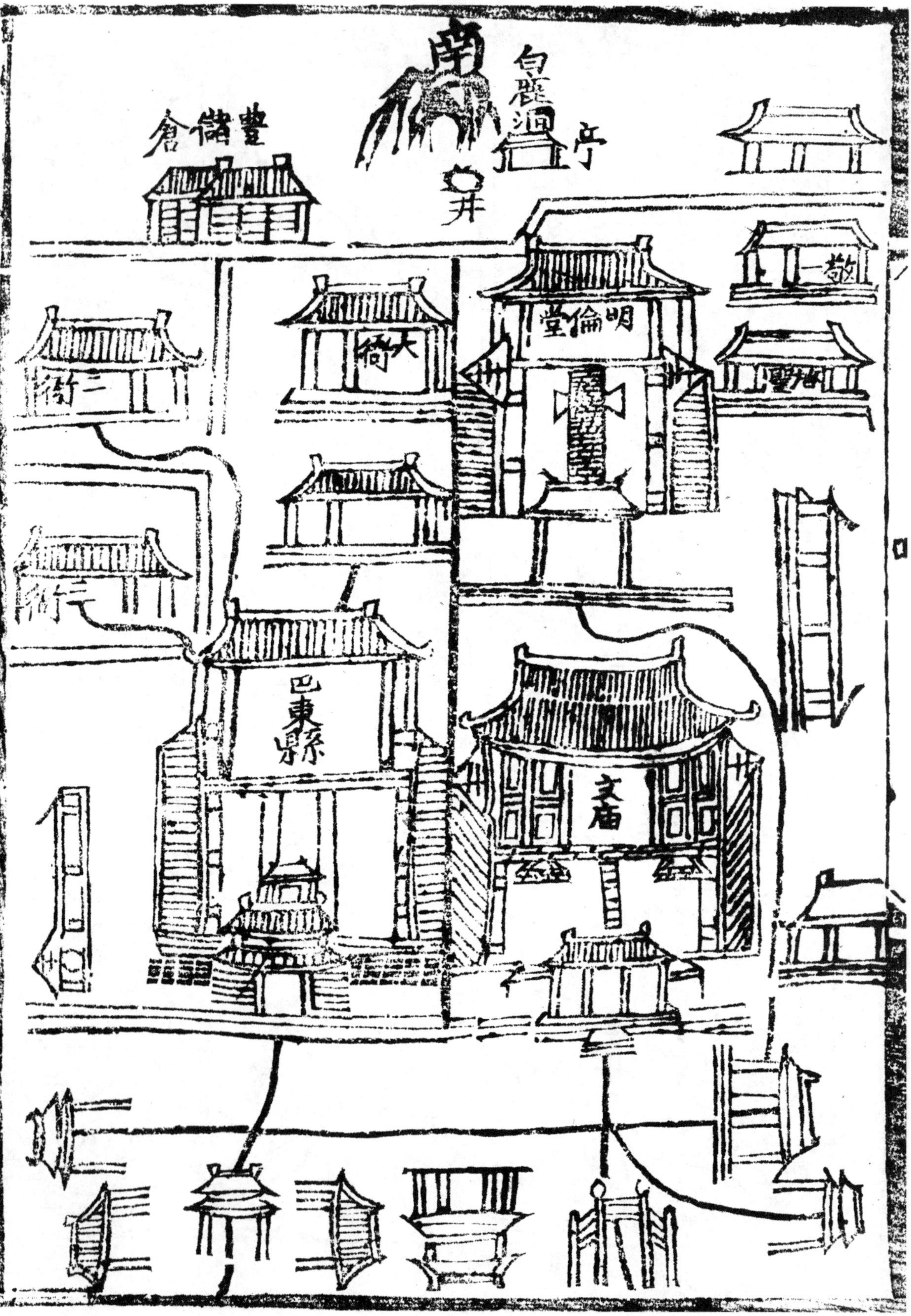
南
白巖洞
亭
井
豐儲倉
明倫堂
大街
敬一
二街
三街
巴東縣
文廟

巴東縣志卷一

巴東縣知縣曲江許周　校刊

訓導閬中楊培之纂修

輿地紀

叙曰古我先王體國經野以奠民生巴在楚蜀

境上有土舊矣其登降離合古今頓殊不可無

考是故沿革論世變也次星野觀法象也次

而疆域形勝次而山川城市關梁古蹟辨提封

也然民以地生物以地殖由是而民數物產滋

爲由是而田賦征徭著焉皆因地之利也作輿地紀

沿革

巴東在三皇時爲蠶叢魚凫杜宇氏地後鼈靈氏開峽禪位與之見因提紀炎帝時屬戎州淮南子曰西南滔土戎州惟高辛氏爲蜀國之境史記高辛氏封其支庶于蜀在禹貢爲梁州之域書禹貢華陽黑水惟梁州又岷山導江夏商因之牧誓庸蜀羌髳微盧彭濮人周爲夔子國地楚世家周成王封熊繹于楚又熊摯自竄于夔戰國時附于巫郡屬楚史楚自漢中南有巫黔又張儀曰黔中巫郡非王有也秦巴郡地仍附巫縣史秦國蜀伐楚接黔中又取鄢郢西陵後滅楚

郡縣天下為巫縣屬南郡西漢因之置巫改建平郡東漢為巴東郡三國蜀遣張
飛趙雲克巴東昭烈後併巫秭屬吳史遣吳班馬習攻破巫進軍秭歸又夜遁
僅得入白帝城晉初為縣後為郡晉武平吳析巫縣建平郡又置武陵郡于編都
領樂鄉長林二縣又為巴東郡史認羅尚權領巴東郡為守劉宋因之史荊州守王義
慶遣巴東太守周籍救成都又置三巴校尉以孫謙為巴東太守南齊屬巴州梁為歸
鄉縣置信陵郡後周廢郡改縣曰樂鄉屬信州隋改巴東縣屬巴東郡唐初改郡為夔州
武德二年分秭歸巴東二縣置歸州天寶改歸為巴東郡乾元初復為歸州遂為屬邑宋因之
屬歸州隸荊湖北路南宋徙今治隸夔州元分巴東新化為二縣屬歸州
國朝初屬夷陵後併新化為一縣屬歸州編户八里新增里半共九里半邑名歸鄉梁名

樂鄉後周名郡名信陵梁名○按巴上古未有可考後入夔楚封内自秦爲巫後爲郡爲邑爲州分隸併隸廢置不一易曰易窮則變變則通通則久故天地之運萬世不息其風氣消長有時而殊者勢而已矣觀此可得建置之槩焉

星野

翼軫屬楚周禮保章氏封域皆有分星翼軫楚鶉尾楚又熒惑主楚星紀周史謂鶉尾爲楚之分星又荆楚之分星土也翼軫荆州漢天文志南郡入翼十二度魏陳卓志自軫十二度至氐四度壽星之次主楚晉天文志紫微垣北斗衡星主荆隋天文志魁第二星

曰衛主楚天市西垣第二星主楚宋天文志天市東西各列十一星西垣首韓次楚自張十七度至軫十一度爲鶉尾於辰在巳楚之分野天文志十二度次舍○按周禮保章氏翼軫荆州觜參益州巴在荆益二境然荆近而益遠且古今之地廣狹分合因革不常至於妖祥所應每每不爽茲星土從荆從今制也庶徵之感慎哉

疆域

縣治在楚西蜀東境上其東爲歸州自縣至州石門舖界四十里至州治七十里西爲四川巫山縣自縣至巫羅古舖界九十里至巫山縣治二百二十里南爲長陽縣自縣至長陽四都界三百五十里至長陽縣治

七百里北爲房縣自縣至房東溪源界六百里至房縣治八百里東北到興山縣二百一十里東南到歸州見前同西南到建始縣八百里西北到大寧縣三百八十里東西廣二百四十里南北袤六百五十里自縣至荆州府由歸州夷陵陸路八百里水路六百七十里至湖廣布政司由荆州水路一千五百六十五里陸路一千五百四十里至南京由荆州水路三千四百一十里陸路二千九百零五里至北京由荆州水路六千七百二十里陸路三千一百五十里○按自州野畫而有茅土之封井田廢而有郡縣之域其疆理天下必自經界始也巴踞川湖二境疆域其所先務有土者其重之哉

形勝

西通巴蜀孔明說備云西通巴蜀長江經其前崇山聳其後左巴蜀右荊襄面均房背施黔元一統志并方輿勝覽與荊州府志吳蜀藩表陸抗疏據荊楚上游歐陽頫引水記○按本縣居三峽中分之要地楚蜀往來咽喉之境且為施黔諸司之屏蔽其後里去縣遠其民近於夷圖治者不可不加之意也形勝有形之險可恃乎

山川

巴山在縣治後一名金字山縣之主山也又近縣諸山之總名通鑑注杜預遣周旨襲樂鄉多張旗幟起火巴山即此然預在荊州巴之下流或非此存之俟考

羅頭山縣東七里

飛鳳山縣北五里與縣治相對為八景之一御史周卿詩坤輿此肖形威鳳聳碧何

當一奮飛去天應咫尺知縣許周增砌文筆峯下山巔盖爲壯觀

石門山縣東北三十五里山有石徑深若重門漢昭烈初爲吳陸遜所敗走經此追者甚急燒鎧斷道得免杜詩平川對石門即此

安居山縣西南五十里山多絕壁昔人多避兵于此獲安

向王山縣西北五十里與明月山連常有雲氣冬則先多雪俗傳向王常耕此

長豐山縣西北一百里懸崖有蜂課蜜居人用繚懸攀取之

馬鞍山縣西南三里形似名

明月山縣西北四十里御史周卿詩楚山有石竅髣髴蟾蜍窟天宇霽澄時光明擬秋膈

天寶山安居山後

石羊山縣西北五十里上有石如羊

小戍山縣西北六十里山極高惟一道從中峯止客一人過此則地平可容百余可避兵也

七寶山縣東八十里其上可以銘鉄

石柱山縣東南五百里舊建巡司

虎頭山縣南三百里狀如虎頭

招峯山縣西

北一十里

野龍山　龍昌洞後俗傳龍潛于中遇旱人用石投之則雨

金盖山　縣北七十里常有雲氣如傘盖知縣盛杲詩金盖山崔嵬石骨衣雲上天將雨蒼生雲向山頭吐

青銅山　縣北一十里舊產青銅今無

桐木山　縣南五十里

伏磬山　縣西四十里

羊乳山　縣北三十里

紫陽山　縣西北四十里知縣盛杲詩夕照江水紅煙凝暮山紫眺景亦可人何勞羨春綺

金籠山　縣東三百三十里

天橋山　縣北二十里閒人揚培之詩玉闔繫何許遥望高無極跬步登兹橋風雲在瞬息

梁臺山　縣北三百三十里

鉄炉山　縣南三百二十里

珠飛山　縣西三百三十里

双劍山　縣西三百里

峨眉山　縣西三百一十里

紅葵山　縣東三百三十里山多蜀葵春夏盛開揚培之詩曰地接崑崙遠雲蒸斗極閒野花開有意向日寸心丹

鎮南山　縣西三百

一十里八盤山縣西四百里三岔山縣西北五十里紗帽山即飛鳳山東峰縣南三十里火峯縣西北三十里鐵峯縣東北三十里西嶺求定村縣北三十里馬嶺縣西南四百二十里長嶺縣東南三百一十里香子嶺縣西南三百里風吹埡縣南三十里金鳳埡縣東六十里楊柳荒治南八十里即打火舖建召化堡處土人以林木深箐名荒株南荒縣後六里又有欄柴青異七里百里等荒散在境内百萬坪縣北五十里又有葛藤清水九府水德木抗金山中堂楓香天池白鶴金坛南坪羅坪寺坪散在縣境大沱石縣東十里歐陽脩硯譜云巴東大沱石其色青黑班其文微黿亦頗發墨無源洞縣東五里溪澗從邃空洞無涯水源莫測所自來又名無縁同龍昌洞西瀼溪岩壁間有石鐘深不可限相傳有龍蟄焉牛洞縣西十里下

馬洞縣北十里 秋石洞縣北二十里 向王洞縣西四十里 鎖洞縣西北四十里 栁木洞縣西南二十里 羅頭溪縣東十里 尾窐溪縣西二里 白水溪縣東二十里 羅溪縣北四十里 東瀼溪縣西十里 舊縣溪縣西十五里 西瀼溪縣西三十里舊志云唐杜甫常居此今草堂基址尚存 廣都溪縣西北三十里 東巖溪縣西北四十里 九安溪縣西五十里 紫陽溪縣北五十里 赤溪縣北五十余里 風溪縣北四十里 蜀江縣前大江發源岷山會平三峽凡蜀諸水合流東注荊揚入海 清江河治南四百余里一名夷水發源舊施州經縣境衆流皆濁其水獨清 三壩河縣西六十里源出九府坪一流入房縣一流入大寧一流入巫瀼合于大江 三潮水縣東五里有一石澗其水一日三次湧流如潮之至 東奔峽

縣北三十里孤峯絶壁蜀江經流如馬奔逸**門扇峽**縣西三十里兩岸峭壁如門夏秋水泛渦漩極險舟行危之**破石峽**縣東五里有石如刀劈破**石門灘**縣東三十五里中有巨漩万余夫舟行不慎則覆溺**香妒灘**縣東十里**八斗灘**有二上八斗近香炉灘下入斗近橫梁灘俱在縣東十五里**橫梁灘**縣東二十里有石橫亘水舟泝流而上每難之**渦龍沱**縣東五里其水清濚深不可測相傳有靈物宅焉即向王遺蹟處**苟使沱**縣東一十里有巨漩舟人若苟且怠忽不慎則流入于沱必覆沒**萬户沱**縣西五里古特置萬户侯集義兵于此杜甫詩瀼東瀼西一萬家江北江南春冬花**驢子沱**縣西四里上有一石如驢頭向江中水集渦叢為之覆舟後人毀其石水遂平**雲沱**縣西一十里旧縣之上常有漩能覆舟又有扳橋西瀼廣都祢栢下沱**腹裹磧**西九十里万流驅前**白滋灘**

治南二百一十里**天澤井** 治西左其泉出自山頂合于江 **通出井** 治南四百里相傳飲此水可以療病下有鼓鼛声 **陰晴井** 治南四百里井上有雲則雨無雲則晴人皆驗于此 **温涼井** 治南三百里 **舊塩井** 縣北八十里元時置塩課司于此 ○按山川之險古稱巴蜀巴在三峽之中其尤盛者杜少陵云形勝有餘信扎茲因舊志所載未敢損益偹一勝覽云爾

城市

街坊附

城池 巴舊無城池後倚巴山前臨大江左據庇窪溪之險右距無涼洞之暑自然之城池也 **街市曰上街** 在治左觀音橋起直至庇窪溪止 **中街** 縣門起左至觀音橋止 **下街** 縣門右直行並沿河下至磊口止 **後街** 在治後馬

路口起經寺穿寺至箭操止**江北街**治對江今巡檢司基所　七　**東瀼**治西沿江十里許通與許通縣長豐寺鄉並從山路**西瀼**治西三十里巫夔水路大路即杜甫自赤甲遷瀼西岸居民繁庶舟揖迫便每茶笋熟時交易頻衆按二瀼在舊縣東西故名**摘木園**治西

沿江六十里許里人以材木為市於此**坊十有二**　**承流坊**治左**宣化**

坊治右俱成化中建後傾圮迤重修易以發政施仁**騰蛟起鳳坊**在學左右今易

成德達材**泮宮坊**參議王禄建今重建**思萊坊**在治左邑人爲萊公建

迎恩坊在巴山驛左**進士坊**　**都憲坊**俱為邑人王倹建**步蟾**

坊為譚憲建**司諫坊**為給事中譚思敬建**春坊坊**為楊遇春建**雲桂**

香坊為湯相建〇以上八坊今俱圮廢**楚西第一封坊**治前知縣葉禎建

[illegible]附村鄉

在市里附郭長豐鄉在治西北六十里許青平鄉在縣西南五十里許安居鄉在縣後五十里許前一都縣後一百里許前二都縣後二百里許後一都縣後三百里許後二都縣後六百里許新興里各里附籍流民雜居

村十有四

白水村治東二十里茅家村治西南一十里稅家村治東南一十里楠木村治南即楠木園義門村治南二百五十里楓木村治南三百里高家村治南西三百里張家村治東南三百里高村治南三百五十里南磨村治南三百八十里丁家村治南三百九十里野樂村治西南四百里舞龍村治南五百里蒲龍村治南六百里

鄉場十有三

福場治南三十里平洋壩治西北五十里石檑門

治南十里四新治西南二十里金頂頭治南四百三十里支宿岩治南五百里赤溪峪治南三十里杜化治南一百三十里召化治南一百五十里馬縣池治南十五里栗子塲治南四十里石板塲治西北二十里苟坪治東北二十里○按城以保障市以貿遷坊以表里而街則坊市之通衢里都爲之鈐制而村鄉又里都之別名也皆所以居四民特地利政令之所由行司民社者其可忽諸

關隘 附堡

連天關巡檢司縣西南五百里距施州容美宣撫司二十里洪武初設弓兵一百名爲施容夷夏界限舊有衙門宅舍盤詰歲久今廢石柱關巡檢司

治南五百里距椒山瑪瑙長官司界二十里橋衙門宅舍歲久俱廢○按舊志二關俱洪武初華原額弓兵一百名內求克三十五名住劄關隘鄰守諸夷出入爲後里遠民保障嘉靖初知縣周鑑因本縣新闢巫山陸路裁減冗役以充送迎夫馬各關減革三十三名徵銀貯庫支給應付日久出納弊滋蔓以各縣水脚負欠郡王各府柴薪上司查議借解補用遂爲額由是兩關勢弱其求寬者亦逃絶數多關隘失守逃檢儆居近縣民舍不能自贍卸律亡歸又補能盤詰保障爲我知縣許周徭編附近人户弓兵

牛口巡檢司 治對江司隸歸州孚設法督理關勢稍振焉兵俱縣編基地皆縣土也

廢猫兒關 治北一百二十里當歸州興已三境界處舊有關廢

野廟關 治南三百里爲建始縣界舊有今廢

普菴橋 在治左監生譚祿建

觀音橋二 一治左邑人黃杰林建 一江北李士洪建 知縣許周重修

龍洗橋 在江北東二里許邑人李

文智建 無源洞橋治東向交仙建向時重脩 飛鳳橋治對河北岸前知縣王魯重修 惠民橋在巴山驛之右知縣許周委耆民陳文彩重建 壽寧橋寺前僧圓勤建

召化堡治南八十里峻山深林當本縣通後里二關建始縣之要路嘉靖乙巳賊首譚將軍保王四大芋據險哨聚劫掠甚慘分巡潘公出巡到縣知州王錫知縣許周設法剿捕申准修堡撥長寧所千户一員八軍二十名本縣撥民壯十名往劄防守大參沈龍山有記 ○ 按古為關以譏為梁以濟王政所不廢者巴近施容勇壤界嚴內外關尤務遏來怠弛如前所云雖常增設堡戍稍充備衛禦其兵調餉供而民擾弊滋所不能免傳謂立法不如守法信哉

古蹟

已東舊縣 在治西江北十里東西二瀼間　**樂鄉故城** 在舊縣治東　**信陵故城** 在舊縣治西俱舊志　**新化故城** 在前一都　**羅坪故州** 治北九十里長豐鄉地俗傳魯置州治　**平城** 治東南十五里　**土城** 在前二都　**雙城** 治北六十里西兩城相距十里許相傳三國時築　**廢鹽課司** 在長豐鄉　**向王鈇鎗** 治北臨大江傍有鎗頭長數尺經久相傳云　**萊公栢** 舊縣東萊公爲令時手植双栢於庭民懷其德以比井棠謂之萊公栢見政要後巴東大火栢與公祠俱焚明年莆陽鄭顴來爲令偉栢之焚惜公手植不忍翦伐種淩霄於下使附榦而上以著公遺德且慰邦人之思見滝水燕談今舊縣遷廢庭栢俱爲黍離無民氏並侍郎嚴時泰有詩見藝文紀　**梅溪碑** 宋王梅溪爲萊公立在舊縣正德十一年遷今秋風亭　**公孫樓桂** 荊州

記巴東有一折柱孤直高三丈可十圍抱傳漢公孫述掛柱久不朽今無龍舟西瀼溪岩壁間舊龍昌洞之上相傳元時午日居人戲舟於此因飲酒鼓譟而出龍怒湧水人爲所溺惟舟掉篤閒於此高萬餘仍今不朽杜甫草堂西瀼溪边杜甫嘗構堂于此○按世有古今事有興廢後之視今猶今之視昔也巴地僻遐文獻寂寥僅得舊志並故老相傳者如右備書以志感爲

民數

成化八年冊以戶計一千二百有七以口計九千四百九十三正德七年冊以戶計一千二百一十三以口計八千六百一十二嘉靖元年冊以戶計一千二百六十三以口計八千六百四十三嘉靖十年冊以戶計一千二百五十三

以口計八千八百六十三嘉靖二十年冊以戶計一千二百五十三以口計八千八百三十三○按巳地曠遠深山大澤居民鮮少近年山地墾闢流徙日聚其去留無常而登于冊籍者止此傳曰庶而富富而教牧民者加之意乎

物產

稻之類白連稻洗把早七里香冷水咨黃金鈴紅粘白粘柳條糯豬油糯粟之類早粟遲粟白粟黃粟白糯粟紅糯粟白毛粟黑粟金黃早麥之類大麥小麥冬麥黍之類糯黍陝西黍滿山紅粃八升拋倒山七葉子菽之類黃豆黑豆青豆菉豆茶褐豆羊眼豆赤小豆白小豆黑小豆絆粟豆蕎之類甜蕎苦蕎芝蔴之類有八稜者有四稜者有白者有黑者蔬之類青菜白菜花芥韭菜莧芋甜菜王瓜冬瓜菜瓜茄蕨

筍芹葱薤蘿蔔芫荽　蒜
芋野莱水芹馬齒菜

果之類

梅李桃杏柚蔾棠
栗棗柿橙橘柚榴
核桃木瓜葡萄枇杷
櫻銀杏桃藕蓮實菱

藥之類

薏苡仁黃連烏頭黃精
蘗厚朴枸杞地骨皮
細辛杜仲紫蘇半夏南星麥門冬茯苓蒼朮枳殼
枳實續斷牽牛荆芥山梔梔子巴豆瓜蔞仁天花
粉香薷何首烏史君子貫仲車前杏仁菖蒲草龍
膽牛膝茱萸槐角百合葛根楮實益母草商陸菊
花桑白皮牛蒡子罌粟蓽蔴香附五加皮茴陳白
扁豆茴香青皮陳皮側柏射干乳香五倍子薄荷
子

木之類

柏松楠株楸樟椿柳桑楓白楊槐桂檀
梧榆柳拔欏椤黃楊麼柳夜合黃連高
杈苦拆柘楮槐棗櫟銀
杏岩桑黃荆刺楸丁木

竹之類

紫竹斑竹苦竹水
竹野竹花斑竹筋
竹箭竹
刺竹

花之類

牡丹石竹木犀岩景芍藥山丹薔
薇木槿石榴紫荆雞冠芙蓉玉簪
金鳳蘭蕙葵　並七里香月季瑞香茉莉金盞剪羅
水仙金銀梔子鴛鴦菊櫻粟蓮蓼芭蕉白菊檀　香薔

草之類蓮百餘水陸皆備入藥者記于藥花者記于花餘无用者不悉雜貨之類茶椒白蠟黃蠟蜂蜜桐油芋蘇桕油漆絲土綿土布薏苡仁土人作飯用曰川谷葛粉蕨粉羽之類家禽有三鷄鵝鴨鶉鴿竹鷄白鷴杜鵑百舌鴉燕鳩鴿鶯雀布谷伯勞黃鸝鷂鶴鴈水鷄野鷄錦鷄雉鷄鷹鶴鸛白鶴畫眉鸕鷀水鴨毛之類家畜八牛驢馬騾猪羊犬猫○野畜十九鹿麂麞虎豹熊貂猿猴竹鼯貉兔狐狸獺貛山豬山羊艾鼠鱗之類鯉鯽鱖鱘鰣鰱鯨鰻鯖鱔鰍鯽介之類龜鼈蛤螺穿山甲昆虫之類蠶蜂蝶螞蝗蜘蟋蟀蚯蚓斑毛蜻蜓蟬蟻螢蠅蚊蜈蚣蛭螟蛉○按物皆地產所以撙節愛養食存乎其人故君子贊化育曲成而不遺則仁溥而物不可勝用矣昔孟子論王政始此旨哉

田賦

成化八年冊田地山七百一十六頃七十八畝夏稅小麥六百五十三石三斗九升六合秋糧米三千二百一十九石四升一合

正德七年冊田地山七百一十九頃六畝八分六厘五毫夏稅小麥六百五十三石三斗六升六合五勺八抄秋糧米二千二百一十九石四升一合

嘉靖元年冊田地山七百一十九頃七十四畝二分一厘夏稅小麥六百五十三石三斗六升六合秋糧米二千二百二十二石四斗三升一合

嘉靖十年冊田地山七百一十九頃四十四畝二分夏稅小麥六百五十三石三斗四升五合秋糧米二千二百二十一石四斗一升九合

嘉靖二十年冊田地山七百二十頃四十四畝九分六厘五毫夏稅小麥六百五十三石三斗四升五合一勺外耗薦脚麥隨逐年派單倉口派定的數毀納秋糧米二千二百二十一

石五斗九升六合二勺九抄三撮耗同前農桑池三十八畝七分五釐栽桑一千五百五十五

株科絲一十五兩七錢九分織絹二丈三尺六寸八分五釐課程戶口食鹽實納起存正扛

銀共一百一兩五錢五分一釐四毫五系九忽六微五纖內分解庫鈔起運南京庫鈔二萬

一百八十七貫內本邑鈔一万九十三貫五百文正扛共銀一十一兩九錢九分八釐三毫四系五

忽前邑鈔一万九十三貫五百文正扛共銀二十九兩九錢九分二釐一毫一系四忽存留本府庫

鈔二万一百八十七貫折銀六十兩五錢六分一釐商稅鈔一千三百六十八貫四百三十文

折銀四兩七錢八分魚課鈔六兩○舊志有茶鹽酒潑等課總會冊總言課程並遵冊以志

○按巳上賦民田子賦也久矣近來豪猾增損飛

移間亦有之茲據版籍以志圖治者酌量豈民自

有善治之道否則立雖者無所民瘁而難乎治矣

里役 見年十名內前四里四名新增里半二名役里四名排年九十名每十年輪一見役前里新里應當八箇月後里四箇月○按本縣丁糧盡數編二驛驛傳夫船者為迎送設也近因新開陸路往來官使畏惧峽水多由陸行夫馬俱坐該縣況夫船計日工食既已應納二驛置於空閒其應付仍派于民則不惟民有重累之苦而將官亦奔走驅遞之職近知縣許周議申歉以乃派併於巴山作水馬驛已蒙上司議允查行此蘇民[illegible]

均徭 間年除孤老布一編花費定銀外餘差計銀六百四十七兩九錢

遼府并各王府審理典膳等官柴薪共一十四名每名銀一十二兩 布政司表夫銀一兩五錢 本縣油燭銀七兩 本縣

十三

門子知縣二名主簿典史各一名每名銀三兩六錢柴薪知縣四名主簿二名典史一名
每名銀一十二兩馬夫各十名每名銀四兩邑厲壇三祭每祭銀六
兩山川壇二祭每祭銀七兩社稷壇二祭每祭銀伍兩秦國
公二祭每祭銀二兩施南宣撫司經歷柴薪一名銀一十二
兩分司門子二名每名銀一兩八錢山川社稷厲壇門子
一名銀一兩二錢儒學門子二名每名銀六兩齋夫六名每名
銀一十二兩膳夫四名每名銀十兩啓聖祠二祭每祭銀四兩鄉
飲二次每次銀四兩文廟二祭各二十兩鄉飲二次各四兩明倫堂
門子一名銀一兩貳錢歲貢盤纏每年帶編銀一十五兩施州儒學

齋夫一名半銀一十八兩**力差**銀六百六十八兩八錢

顯陵守備太監府皂隸一名銀六兩本府禁子二名每名銀六兩常積倉斗級二名每名銀叁兩本縣皂隸十名直堂二名主簿四名典史二名每名銀二兩四錢庫子一名銀二兩四錢禁子五名每名銀四兩巴山驛支應庫子七名每名銀一十二兩鋪陳庫子一名銀三兩館夫二名每名銀四兩萬流驛支應庫子七名每名銀十一兩鋪陳庫子一名銀三兩館夫二名每名銀四兩預備倉老一名銀四兩各倉斗級六名每名銀三兩遞

天石鋪二巡司弓兵各三十二名南邏弓兵八名

牛口弓兵一十八名每名銀叄兩　各舖司兵一十八名每名銀二兩　京解一名衣粮銀三十兩　儒學祭器庫子一名斗級二名每名銀四兩　○丁粮額办派办二項丁粮共計六千三百二十九丁石一斗一升四合九勺四抄三撮該派北京藥味一十三斤三兩一錢三分二厘軍器銀一十二兩七錢一分五厘七毫一系四忽曆日銀六兩四錢六分共該正扛銀二十一兩四錢一分八厘九毫九系一忽五微與派办銀兩遞年俱總會計的數徵納　舊志魚課載此今附課程　湘府享堂祭祀銀五兩捌錢三分三厘三毫五系歲貢花紅酒席帶徵銀六兩春牛物料並迎春彩杖酒席門神桃符共銀二兩三錢　雜用應朝盤費脚力造冊紙劄扛解正佐官銀二十五兩首領官二十兩無官應朝吏給銀二十兩隨官應朝給銀一十兩官脚力銀一十五兩吏一十兩造冊紙劄扛解

銀四兩支應里甲夫一百名馬九疋前里新里排年里甲各每里輪當一月知縣葉顏華去馬疋其夫雖存亦非原額矣【】雜役民壯五十名前里排年各一名快手五十名舊志載今華查訪舊時後里排年各一名近年因地遠應役不便止出办各名工食今並廢而無存矣

○按二年一推十年一役例也盖役則天下同然而推在各省各邑或三年五年之殊而已則問年義以驛傳雜役額亦增派征科百出其家稍寬裕而蠢愚併肩擊不能免大抵服徭供役為官守者設有官守者飲其財力而不為之所寧不惕然乎

巴東縣志卷一

巴東縣志卷二

巴東縣知縣古匠許用[illegible]

閬中楊培之纂集

政教紀

敘曰有土有民斯有政教政出于公家教行
于學校此公署者廟學所當志也司政教者敬神
守官彰善勵俗布令恤民[illegible]設官官次于神
祀而風俗郵傳惠政次于選舉人物者有其序
也若夫人賢之僑寓尤繼於鄉[illegible]處變有隨

寓而安者亦政教所關至於登適之有亭臺之外之有寺觀有方伎亦教之餘王道之無外也作政教紀

公署

縣治南依巴山北向洪武間建知縣盛杲正德間重修後燬於嘉靖十九年知縣萬鑾重脩正堂三間前抱亭三間右幕廳一間左庫房一間承發房一間庫左東三房三間西三房三間中戒石亭一間前儀門三間又前譙樓一座縣獄內共十間舖長架閣房譙樓左各一間申明亭一間縣門外左旌善亭一間縣門外右楚西第一封坊一座縣門正前下崇階數級直錦江滸知縣廨宅正堂後左前廳三間廳三間左右廨房各一

間俱舊建又前小亭三間左書房二間門樓一座知縣許周建**主簿宅**舊在縣門外右被民火主簿李注改建縣正堂後前廳五間書房一間後堂房五間廂房各一間**典史宅**在幕廳右典史何淵建前廳三間書房一間後堂三間廂房各一間**吏廨**四偶八間**教場**無

布按分司在治西上街五百步許洪武初建正德間重脩嘉靖二十四年燬於民火焉

舊正廳五間**衛鑑堂**三間**東西廂房**三間**儀門**一座**廚房**三間俱燬於火止遺衛鑑堂半間近議重脩未果**陰陽學**舊志在治東今廢**醫學**舊志在巴山驛後左燬於火廢**巴山驛**縣治右三百步燬於火詳驛傳**萬流驛**詳驛傳

石柱關巡檢司 連天關巡檢司詳前關梁**牛口巡檢司**舊牛口舖左歸州界內後遷今江北司仍隸歸州其弓兵基地皆巴屬也其衙廨隔江往來上

司暫宿頗便但陋欠修葺議也撤○按傳曰廉遠地則堂高堂地別民所以嚴名分此公署不可不飭也巴之邑僻地狹縣治倚山峻險不能如制行司聽久奉修往來臺省使節寓于寺舍巡司並民居殆非嚴名分之謂也主是邑者思之乎

儒學治左近隣後倚巳山前對飛鳳山紗帽文筆峯齊門廟左順衛東向羅頭山洪武初建正統天順中修葺成化初知縣鮑宣安重建被火知縣王魯葉禎重建

廟學

廟制中為先師廟三間中先師龕左右四配十哲俱木主左右因地高卑樹楼為兩廡各五間因壁龕掉設先儒木主中下為石階露臺砌以磚石前為

戟門三間又前爲櫺星門三間又前爲泮宫坊一座東廡之隅小樓爲祭器庫一間西廡之隅小樓爲經書庫一間下爲神厨餘爲號舍共六間〇廟制舊隘小燬火嘉靖二十四年知縣葉禎重建訓導楊培之記

廟後明倫堂左爲啓聖祠三間知縣許周建

學制

廟後層階數仞上爲明倫堂三間左右爲進德齋三間脩業齋三間又左爲文昌書院號舍五間知縣王魯建學中門二間知州莫讃建儒學門一座舊北向推官吳天挺建被火今東向知縣葉禎建許周重修

敬一亭舊明倫堂左隘甚今堂後左高數級嘉靖二十八年知縣許周重增建其中立

御製敬一箴碑一座

聖諭視聽言動心箴碑共九通臥碑舊有今無

勅諭提學碑無○以上二碑各學俱刻明倫堂本學無此深爲缺典其須降書

四書大全二十本易經大全一十二本書經大全一十本詩經大全一十二本春秋大全一十六本禮記大全一十八本四書集註六本五倫書六十一本勸善書一十本性理大全二十八本癉惡錄一本爲善陰隲三本讀書要語一本遜臣錄一本欽明大獄二本射礼節要一本湖南道學錄三本忠靜冠服一本爲善詳節三本

教諭宅舊志載騰蛟坊右久毀于火今建明

道後五間接門一座訓導宅二舊志一在文廟東又廢今俱為縣承發吏户礼房基矣一

在文廟西古明倫堂基今存舊志又謂有舊明倫堂將在縣前右今施仁坊之下◆射圃舊志

在巳山陽後又廢○按射以觀德選賢與士右最新重公谷郡邑俱有閒能華行獨巴並其圖基而

没之衆爲歆幽講書樓三間舊教諭宅基地因燬于火建書樓三間爲師生講誦之所嘉靖

二十一年知縣葉禎建社學各鄉都該有今俱無○按斈校風化之本

爲政之先務巳東地僻近花縣更擴其化理作興

之所先者近來民頗尚義士多知孝但長豐並後

里遠甚習俗尚未能化其知書識字之人環數里

無一二有議者於彼二地多立社學選聘儒行通

者負異徭是以充數讀時加激勸庶幾用変亦司
孜教著之責也

壇祀

壇　三社稷壇　在治東南一里許　山川壇　在治西一里　邑厲壇　在治東一里○按各縣各狸都俱有例屬巴東歆典　城隍廟　洪武間建治西成化間重修嘉靖二十四年民火延焼二十八年知州王錫同知縣許用主簿賈大權捐俸重建廟正祠

梓潼祠　在學宮左今廢　關王廟　在縣治東南　蕭公廟　一在江北飛鳳山下一在縣西厓窩溪口　土主廟　在萊公祠左　川主廟　在縣西五顆壩　在治西

杜少陵祠　在縣西瀼東知縣王鲁建……

伯劉燾詩　巖石依然瀼水流……春煙芳草野村頭……堂基汶知何處……萋凉感舊……其已山松……

泠瀟森巫峽樹雲秋祠前滾滾江流浪不盡當年
報國愁又急事張潮詩何處草堂是蕭然孤館荒
雨來雲雁磯江漲水平門濠西練往頭田首向朝曦寇萊公祠乾道間祠建舊治詳李書之左高阜處宋
王梅溪記景泰間移建今祠詳見事沈慶記正德中知縣盛杲重修 漢王廟在前一都
抑家村里人舊慕昭烈立廟報祀舊志未載 鄉賢名宦祠萊公祠左知縣許周建

按國之大事在祀上莫大於壇壝暨凡扞災禦
患有功德于民者皆嘗祠祀所以為民也邑祠
廟在邑之近者舊志悉書其未志若漢廟未祀若
鄉賢義不可畧故備書為治民事神者考也

歷宦

漢蔡邕方輿勝覽載為巴東守今考列傳邕歷未為守令但避患江海及中平

六年遷巴郡大守後晉爲侍中則至巴
與否皆未可知因舊志存之以待參考 三國陸抗
史言以陸抗都督諸軍治樂鄉質實考樂有三其
一在巴東抗抗爲荊州牧從非巴東治亦其官蹟地
也 董和 枝江人劉璋以爲成都令時蜀土富貴百
姓奢侈和躬率以儉所在移風轉巴東都
尉遷益州太守清約如前南土愛信昭烈定蜀與
丞相亮並署大司馬事外牧殊域內幹璣衡一十
餘年死之日家
無儋石之儲 晉羅尚 晉永興元年詔羅尚權統巴東三郡 宋周籍
史荊州守王義慶遣巴 孫謙 置三巴校尉以孫謙
東太守周籍敉成都 爲巴東建平太守
宋寇準 見名宦蹟 毛恕 乾道爲令 元鄭顗 蒲田人爲令其施火葵入公拓與祠鎮
焚䰟種凌霄花於下以慰民思
國朝知縣張仕昇 浙江開化人 陸現 浙江人 陳信 四川內江人

蘭惠直隸盱眙人 陳璞廣東橫州人○以上永樂間任 莫可銘浙江蘭谿縣人○宣德間任 張仕崇四川万縣人 李源四川永寧衛人○以上正統中任 張琮四川瀘州人惠愛所及民猶稱之 鄧兆廣東曲江人由舉人 蔡節江西廣昌縣人○以上俱景泰間任 蔡思浙江黃岩縣人 鮑宣安江西樂平縣人由人材有材幹廢墜多所脩舉○以上天順間任 胡瓊詳宦蹟 蒲敏四川眉州人由監生 梁儒廣東東莞縣人由舉人 張思傳四川眉州人由舉人剛勁有爲持法不撓○以上成化間任 徐傅詳宦蹟 王瓛常州府江陰人由監生 李正中四川嘉定州人由舉人 呂亮河南宜陽縣人由舉人 夏寅陜西延安衛人由監生○以上弘治間任 郭泓江西太和縣人由舉人 謝熈直隸江陰縣人由監生 盛杲浙江臨安縣人由舉人有

才，改知臨淮縣。

黄章浙江黄巖縣人舉人

何山四川梓潼人由監生廉介自持民心感戴思慕不忘

周鯉詳宦蹟。以上正德間任

葉金廣西宜山縣人由舉人

王魯福建莆田縣人由舉人才幹有為多所修建

袁文林山西陽和衛人由監生

楊珙山西興縣人由監生

譚禮四川瀘州人由舉人

章乾直隸貴池縣人由監生

萬萃四川瀘州人由舉人

葉禎浙江麗水縣人由舉人宜黄調陞梧州府通判

許周廣東曲江縣人

魏鐸河南汝寧人由舉人陞

戴晃貴州宣慰人由舉人德陽諭陞

主簿初裁減至弘治八年始增設主巡捕

李時四川廣安州人由監生

羅弼四川龍州人由監生

劉憲江西雩都人由監生

汪漢江西貴溪縣人由吏員○以上俱弘治間任

何滚直隷桐城縣人由吏員善于弭捕陞京山縣縣丞

王貫四川馬湖府人由監生○以上正德間任

黃崇廣東人

羅翱四川昭化人由監生勤政善捕躬獲賊首黃鷄子甞巳盜遂弭民至今稱之

李洤江西豐城人由吏員才優督木修建譙樓廨舍民人不擾

丁渙江西豐城人由監生

王銳直隷太平縣人由監生

鄧阡四川廣安州人由監生

白采四川叙州府人由監生

甘大耀江西靖安人

吳櫟浙江海塩人由監生

典史 宋縣尉王宰孫浙江永嘉縣人乾道中任

國朝 吴爵江西太和人由進士宣德初以主事謫任 黄以斌浙江壽昌人正統間任 蔡魁四川富順人 何充四川涪州人俱景泰間任 俞銘四川青神縣人天順任 鄧志江西金谿縣人 熊文獻四川安兵縣人 鄭傑四川廣安州人 趙志通四川巴縣人 胡思庸四川安兵縣人○以上俱成化間任 蔡璋江西豐城人 焦隆河南林縣人 宋廷璋四川宜賓縣人○以上成化間任 黎天森四川內江縣人 曾文英四川眉州人 梁玉廣東新會縣人 馮華浙江鄞縣人○以上俱正德間任 冀子高廣西蒼梧縣人催征親至後里有餽遺秋毫不受或受而即准粮數

民悅而稅完至今不忘 何淵四川劍州人嘗署邑篆催科有方民情頗愜 周鴻廣西灌陽縣人
黃黼四川資縣人 劉朝寅四川富順人

教諭 張志學四川遂寧縣人 葛仁雲南河西縣人 顧達浙江人○以上俱永樂間任 彭灝江西太和人宣德間任 宋帝江西安福人 何昇四川巴縣人○以上正統間任 吳寬福建上杭縣人由舉人○景泰間任 王義善四川資縣人由監生○天順中任 惠崇蘇州府長州人由舉人學問該博志思精專始纂縣志多所題詠

龔尚勉四川大竹縣人　唐聰四川叙州府長寧縣人○以上成化間任　陳汝秀福建莆田縣人由舉人廣於持己勤以誨人彼時生徒頗盛陳之功也○弘治間任　周卿四川廣安州人由舉人陞國子監學録尋陞南京監察御史　陳經濟廣東德慶州人陞紀善○以上俱正德間任　趙仲教浙江黄岩人由萬載縣訓導陞任　何如仁四川大邑縣人選貢由辰州府訓導陞任　涂允寬福建泉州府德化縣人選貢由武寧縣訓導陞任

訓導

鄭嵩四川馬湖府人永樂年間任　王綱四川潼梁縣人宣德間任

楊識四川廣元縣人○正統間任　彭鏞四川金堂縣人　趙盤四川梁山縣人○以
上俱景泰間任　李斆四川涪州人　韓紀四川長寧縣人　黃本應天府溧水縣人
孔祿江西新淦縣人　湯世臣四川瀘州人由舉人性篤實勤敎誨嚴冬盛暑講解不輟
任滿生徒遂畱家焉○以上俱成化間任　王充四川南充縣人　張誥江西分宜縣人　張
現南直隸銅陵縣人　張謨江西浮梁縣人○以上俱弘治中任　陳厚四川定遠縣人
陞陝西商南教諭　楊節廣東茂名縣人　李元河南磁州人　何穀江西廬林人○
以上俱正德間任　李勝河南南陽人　王集四川富順人　周文四川遂寧人
石昪河南汝寧人　陳猷廣東增城縣人由監生　陳孚四川名山縣人由監生
揚培之四川閬中縣人由監生陞黃岡教諭　陳言江西寧州人由歲貢

天用四川金堂人由監生陸燦雲南永昌人由監生

九

驛丞

李鳳祥直隸肥鄉縣人由承差鄭應明福建漳州縣人由官員○以上俱正德間任

于章山東萊陽縣人由承差孔盛福建閩縣人由承差李和北直隸栢鄉縣人

陳渭廣東高要縣人由吏員鄧琰山東文登縣人由吏員

陰陽官

譚彥智前一都人朱登智在市人正德間遇例納銀[illegible]

黃垣

醫官 陳文銘 長豐人，永樂中任 陳彝道 長豐人，正德中奉例納銀授職

宦蹟

宋冦準 字平仲，封萊國，謚忠愍。太平興國中爲巴東縣令，每期會賦役，不出符牒，惟具鄉里姓名揭縣門，民莫敢後者。嘗題野水橫舟之句，識者已知其器識不常。手植柏於庭，人以比甘棠。後果入相，爲宋名臣。

國朝 胡瓊 浙江武康縣人，由監生成化初任知縣，愛民勤政，治有能聲，才堪任劇，改京山縣。

徐傳 直隸嘉定縣人，由進士弘治初以監察御史謫知縣，雅尚文儒，愛養民庶，政治修擧，綽有

周鯉 江西安福人，廉介有爲，民懷吏畏，減冗賢聲役以供迎候，薄賦稅以歸逋流，至今民多思之。○按府志，惟冦公、徐公志宦蹟，縣志止冦公志名宦。茲訪父老，志增三人宦蹟，遵府志也。

○按歷宦者凡宦于是邑者而悉書之也宦蹟者宦于是而有蹟可稽者也若宋之萊公是矣其近日士民耳目所及胡徐周三君其庶乎是故君子之仕也行其義也蹟之著否顧所遇何如莫之爲而爲命也雖然取法于上僅得乎中法乎蹟著而蹟未能著付之命可矣否則身家是私温飽是計僥倖以取名人將詆其名而議之噫可畏也

選舉

元進士田幸臯 舉進士詳後人物

國朝

薦舉譚伯盈 安居人洪武初以人材舉任四川夔州府僉判 譚子周

前一都人洪武初以人材舉任廣東番禺縣知縣

屈朝貴 在市人洪武初以人材舉任江西九江府司獄

進士

王倫 宣德己未擢詳人物

鄉舉

楊遇春 永樂癸未科詳人物

明儀 在市人永樂丁酉任魯府教授

馬俊 安居人永樂甲午科

譚哲 前一都人永樂甲午科

黃文昌 前一都人永樂庚子科任江西餘干訓導

王倫 宣德壬子科詳人物

譚憲 前二都人成化庚子科

湯相 長豐鄉人弘治辛酉科

歲貢

朱潮 在市人洪武二十二年貢任鴻臚寺序班

譚思敬 見人物

于起 在市人任雲南按察司經歷

黃忠 在市人任山西陵川縣知縣

張彥忠 在市人任直隸全椒縣主簿

帶貫 青平人任江西永豐縣典史○以上俱永樂間任

譚讓 安居人任福建建陽衛經歷

譚慶 在市人任浙江臨江縣經歷

譚弘安居人任雲南耳海衛經歷
向銘前二都人任江西宜春縣主簿
田文玉在市人
譚震青平人任綿州訓導
向清在市人任浙江上虞縣主簿
吳維宗前二都人
譚鼎安居人任山東滕縣縣丞
譚祥在市人任廣東徐聞縣縣丞○以上俱正統間任
黃明長豐人任廣東高要縣主簿
黃雲青平人任江西高安縣儒學訓導
明
朱元吉在市人○以上俱景泰間任
柳文清前一都人任杭州府倉副使
善任市人任瑞州府倉副使
彭九成在市人任撫州府倉副使
李信安居人任九江府倉副使
徐應麟前一都人任江西建賢縣縣稅課局副使
喻昇安居人任大理府倉副使
馮紀在市人任四川蒲江縣主簿○以上俱天順間任
馮昇在市人任永川縣主簿
屈昕在市人任敘州府照磨
王璽見人物
黃實前一都人任仙居縣

主簿吳琛前一都人任成都府訓導王世勣長壽人蕭傑在市人任廣東吳川
縣主簿譚琥安居人任江西袁州府訓導吳瑞前二都人任雲南訓導起復閬中訓
導行已端謹○以上俱成化間貢譚淵在市人任江西饒州千戶所吏目覃
儒青平人任廣東肇慶府推官許金在市人任廣西大平府推官向誠安居人任
貴州貴竹長官司吏目彭琮在市人任福建漳州衛經歷朱紘在市人任河南開封
府經歷張志學安居人陳正後二都人任江西上饒縣縣丞譚玠在市人任
浙江雲和縣主簿彭濟在市人向琦在市人任四川万縣主簿蕭鐸在市
人王鵬長壽人任河南開封府經歷譚濟安居人任直隸徽州府知事陞合縣縣丞
譚元禎安居人左卿在市人任臨安縣丞陞京武知縣歷官有聲▼馮璉在市

人任浙江都司經歷馮堯臣在市人任榮府正審理儀賓蜀府譚祿在市人由貲貢入監以思親乞歸大李士賢贈有詩序覃鵬青平人○以上俱正德間任覃奎青平人任四川建昌行都司都事向羅安居人游玉顯在市人任四川梁山主簿勤政愛民多所脩建其橋堰塘所去後民以游公名鄉進士陳詔記譚珊前二都人任北京上林監嘉蔬署典署協于供賦望重署苑受封文林郎卒于官趙時聰長人龔道南前二都人任四川重慶府經歷向朝言在市人任陝西臨兆府通判譚鏡德安居人覃大章青平人余守正麻城人任睢寧縣訓導胡大[illegible]麻城人任合州訓導王弘仁在市人譚以晋在市人彭岳在市人馮杲在市人

[illegible]在市人　一三士在市人　向九州

[illegible]市人　向體觀安居人　黃守道

前一都人

人物

周巴曼子 巴東人遭乱曼子為將軍請師於楚許以三城楚王巴救巴使請城曼子曰謝楚之靈克濟禍難誠許楚王城可持吾頭往謝城不可得也遂自刎其首使者以曼子首報楚王王曰使吾得臣如曼子者用城何為乃以上卿之礼葬其首巴人以上卿之德葬其尸

元田辛皋 新化縣人即今前一都民田禄祖也舉進士任至亍金紫光禄大夫累世同居

詔旌爲義門鄉至今稱其
所居之處曰義門村

國朝 王儉 四川銅梁人因兄綱任巴東儒學訓導
遂家焉補本學增廣生中宣德壬子鄉
試乙未進士任刑部主事陞河間府知府政績緯
異陞都察院右僉都御史望隆臺端中外推重乞
休致 譚思敬 在市人由監生任四川大竹縣知縣
歸 徵授兵科給事中以言事直切出知
嵊縣尋陞山西平定州守卒于官撥四川全蜀志
及順慶府大竹縣志載名宦例守巴愛民勸課農
桑民皆殷富至今人思慕之今巴父老 楊遇春 在市
相傳行誼高畧官行李蕭然廬舍仍舊
人中永樂癸未鄉試任合州訓導丰儀俊偉
文行俱優教有成績九載給由考課最如朝
欽陞左春坊 王璽 在市人由監生任山東東昌府通
右司諫 判疏河道治水利有功考績乞歸
鄉人 湯相 長豐鄉人其先四川瀘州人因父世寧
榮之 任巴訓導留家入李中弘治辛酉鄉試

任開縣教諭陞順慶府教授勤教有方每分祿以激勸貧士卽科第士多出其門今尚書韓士英親炙門生極口稱之丁憂起復徽州府教授陞國子監助教尋陞江西　益府長史卒于官囊無餘積

○按人才盛衰關山川氣運亦司政教者作興耳已之列選舉者歷歷可考至於鄉賢則寥然于簡篇者何與嘗聞十室之邑必有忠信環千里之地歷千餘年之久而落落無聞可乎況謂之鄉賢者賢於一鄉是矣賢于一鄉而不之取此鄉之爲善者所由懼也茲於周得旻子焉于元得田子焉于近時選舉類按其行者得數人焉志人物例未立

鄉賢例者未敢自用自專也諸君子知我罪我以爲何如亦汲汲于風教之意也

風俗

夷夏相半晏類要今後里近施黔夷謂此郡少農桑荊州記最爲磽瘠建平郡嘉禾詩序湖楚之北上有二歸之地最爲磽瘠人多勁勇巴郡志郡與楚接人多勁勇有將帥材雪不到地宋肇詩序冬暖雪不到地惟山高處白火耕杜詩注燒地而耕謂之火耕挼河之戰晏類要以麻繩巨竹分朋而挽水謂之挼河之戰以定勝負而祈農桑質直好義不事誇詐在市行商坐賈在野刀耕火種又民漸歸淳士頗知學同上舊志信鬼尚巫離騷九歌伐鼓以祭祀叫嘯以興哀州舊志

四方雜居人情淳朴力於田畝不尚爭訟有古之
之遺風府舊志競渡之戲郡志屈原以五月五日赴
汨羅土人追至洞庭不見
因鼓棹爭歸競會亭上
習以相傳爲競渡之戲○按行于上者謂之風行
于下者謂之俗是故剛柔緩急係水土之宜好惡
取舍隨君上之情移易之道不可誣也彼其不囿
于風氣之中不待教而興者豪傑之士也巴之俗
沿習之久紀于册籍者大率類是然質直淳朴有
可化之機焉顧風之者何如耳

朱氏在市里人譚籍妻年二十四生子惟盛
甫旬而籍卒姑欲奪其志朱遂剃指以

誓不再適，撫其子成立，壽踰八十而終。

王氏 直隸上元人，巴東李揚遇春妻。永樂中，遇春任春坊時，繼娶，生子賓七日，遇春卒于官，時年二十一，遂扶櫬携子以歸，教子成家，八十而終。

○按：柔順正固，女德之常也。不幸而遭時變，凛然其節不可奪，非守之貞者能之乎？今二氏俱以芳年克守，撫孤成立，完節以終，書之邑乘，足以昭勸，有光風化，豈小補云哉！

唐杜甫 字子美，唐天寶中進三大禮賦，玄宗奇之，命待制集賢院。至德中謁肅宗于鳳翔，拜左拾遺，為房琯事出為華州功曹。祿山之亂，遂棄官入蜀，嘗寓三峽中，有瀼西草堂焉。

○按：杜詩曆年嘗避亂寓居夔州，大曆元年三月自赤甲迁瀼西郎巴之西瀼也或謂在夔然赤甲夔之山也瀼則山麓也豈有迁之字乎况詩登瀼上堂曰深峽轉脩聳夔則出峽也刈稻詩曰平川對石門注巴東石門也黄魚曰日見巴東峽則直言巴東也以類證之寓巴宜矣且数題詠皆巴之風景盖唐初改郡為夔州則巴隷夔至武德則割秭巴二縣天寳改歸為巴杜言夔者以唐初郡名言之也其瀼西草堂又何疑焉古志有近志盡削謂瀼在夔故辨之

巴山驛治東半里許洪武初建正德中重脩嘉靖中被火原額站舡十隻每隻夫

牌十名下等鋪陳一付內江陵縣額奏舡三隻本縣丁粮編僉舡七隻又徭編鋪陳車子一名支應庫子七名舘夫二名

萬流驛 隸歸州在縣西溯江入峽九十里許其舡隻夫牌舘庫等數與巴山驛同俱本縣編派○按本縣原係通四川雲貴等處水路故設水驛近年新開陸路因峽水險甚往來官使多由陸行其夫馬俱坐該縣議謂合縣丁粮尽数編僉夫舡計日工食應納二驛而迎送後派于縣實為重役累苦欲以萬流并入巴山作水馬驛則水陸俱便少甦民困詳具本縣延申驛傳道副使張鳳翔並前許知縣議申卷界蒙分守道參政姜查處准擬會呈改置未蒙批示

鋪舍

縣前鋪 在縣治前左申明亭側鋪舍小房三間 徭編鋪司一名鋪兵三名

牛口鋪 治西二十里歸州接界處舊牛口巡檢司之西徭編鋪司一名鋪兵二名

西瀼鋪 治西三十里舊村火陵遷瀼西處鋪舍三間門樓一座廂房二間徭編鋪司兵同

路下鋪

治西五十里地名火峯舖舍三間門樓一座徭編舖司兵同

三岔舖 治西八十里與巫山縣羅鼓舖接界處司兵同

古驛舖 治南一百里許通石柱連天二巡司之傳遞也旧有舖舍俱廢但存基趾徭編舖司一名舖兵一名○以上俱嘉靖初新開巫山路時建初每舖兵俱四五名後因裁冗役裁編

廢赤石舖 治東十里許牛口舖西

廢板橋舖 治西十里許西瀼舖東

廢撥子舖 治西四十餘里許路下舖之東○以上三舖亦開路初建後因路僻俱併各舖其司兵亦同上裁冗役時革去同兩関弓兵徵銀貯庫應付後作郡府柴薪解用

○按置郵以傳命傳舍以候迎皆庶政之當務者巴邑險僻其郵傳雖設而館舍未飭賓使啓停無所應付稽留盖因縣民重役累苦之弊知前所云

也重民命禮賓蘇者其加之意乎

預備倉六間在治西二里許加靖二十四年民火延燒二十八年知縣許周主簿甘大耀重脩

豐儲倉治東五十步許久被火延燒奉例夏秋二粮俱折銀上庫倉厫未脩

養濟院正德初建于城隍宙西今廢

漏澤園治對江北飛鳳山下加靖初知縣王魯買地數畝以掩埋遺骼

○按救荒養老送終皆王政所不廢者豈值惠而已乎巴邑于此三者雖存其名而實惠尚未之及知為政之體者勿以為小惠而略之可矣

秋風亭在旧縣左㓂萊公建亭南宋㓂祠廢亭存詳正㑹溪記碑正德初知縣盧

景建壽寧寺前右尋廢嘉靖丙午知縣葉禎委民趙英重建廢久知縣盛景重建今治壽寧寺前左近廢

白雲亭 在舊縣右亦萊公建

鹿泉亭 李宮後有泉清洌寇萊公為令嘗聞鹿鳴于此

白鹿臺 在萊公祠左萊公為令時治在舊縣常遊壽寧寺至則僧必具饌預迎公問其故僧曰寺後有白鹿公至必遶臺鳴是以知之後人異其地迁今治

飛鳳臺 在治南二十里

巴東八景 謂飛鳳迁喬渦龍養蟄金盖擎雲石門噴雪明月情霽紫陽夕照巴山牧笛清水漁歌古志無此近志增之今盡削去

○按亭臺之建古之人登適寄興因以得名志家所不廢者將以繫其思不可泯也已之亭臺大率以忠愍得名是故由今視昔則然矣肇自今者其能繫其思于後之人不可

民乎亦所以示勸也

寺觀

壽寧寺在縣西一里許邢蒙公舊遊處有古刹嘉靖初寺僧圓勤重建殿宇頗宏麗爲一方之勝槩　龍昌寺在西瀼溪側龍昌洞西　白泉寺在縣北二十里　洪山寺舊志在縣西一里久廢今縣西北七十里亦有　天居寺在縣南一十里　林佛寺治北西五十里　寶安寺在縣西十五里　崇寧庵治南八十里元建正德間重修　觀音寺縣江之右四十里宋建景泰間重脩今治東半里許亦有　仙人觀在治南二十里　八角觀在治南五十里　三朝觀在治南十里　威龍觀在治北龍三十里　龍觀在治東一十里　白鹿觀在縣西南一里許廢久　八盤觀在縣北七十里

方伎

黃萬戶僞王蜀時巫山高唐觀道士巴東黃戶村民李白虎七变術又云李六丁

法於道士張常君持一鐵鞭療疾不以財物介懷戎州刺史文思幹亦有戲術曾剪紙爲魚投於盆內而活萬戶援符化獺而食之其鐵鞭爲文思取之歸至涪州亡其鞭而却歸黃矣有錫希古傳其術坐未安忽云子家中已有喪識不可傳倘得家計毋亡又蜀先主召入宮列諸子示之俾認儲后萬戶乃指後主其術他皆做此○見太平廣記卷第八十方士五出北夢瑣言○按關邪

攻異儒道之正茲于寺觀方伎並志之者何歟春秋傳曰無不覆載者王德之體國史郡邑志祖春秋者也其於一邑所有之事而畧之可乎因舊志而並録焉顧爲用者何如耳

巴東縣志卷二

巴東縣志卷三

巴東小縣知縣曲江許周校刻

閬中楊培之纂修

藝文紀

叙曰天地有至文聖人法而象之以爲經傳以垂教後世若夫賢人君子師表聖賢隨物[illegible][illegible]以因事紀述肆筆成文燁然名世是之謂藝文巴東邑小而僻凡所謂藝文者間亦有之第以文獻不足無所取證多矣茲惟摭拾群籍及舊志所載次序於左以備邑乘之一覽云作藝文紀

詩歌類以世代為序一人一題者特書一人數題者以人為類一題數人者以題為類以便覧也

巴東夜雨 唐 李商隱

欲問歸期未有期巴山夜雨漲秋池何當共剪西窗燭却話巴山夜雨時

入峽次巴東 唐 白居易

巫山暮足沾花雨楚水春多逆浪風兩片紅旗數聲鼓使君艛艓上巴東

巴女春宴 前人

巫峽中心郡巴城四面春薫草鋪坐席藤枝注酒罇蠻歌聲坎坎巴女舞蹲蹲

竹枝歌 前人

江陵市上賣珠花美愛珠花插鬢斜郎看去時千萬買拚與三斤麥顆茶也 此詞近俚因古志有之存耳

巴南舟中 岑參

渡口欲黄昏歸人爭渡喧近鍾清野寺

黔江村見雁感思鄉信聞猿積淚痕孤舟萬里夜秋月不堪論

巴女詞

巴水急如箭巴船去如飛十月三千里郎行幾歲歸

三峽謠　前人

巫山爽青天巴水流若絃巴水忽可盡青天無到時三朝上黃牛三暮行太遲三朝又三暮不覺鬢成絲

宿巫山下　前人

巴在巫山之下故云

昨夜巫山下猿聲夢裡長桃花飛綠水三月下瞿塘雨色風吹去南行拂楚王歸州楚王臺也高丘懷宋玉訪古一霑裳

古歌　宜都山水記

巴東三峽巫峽長猿鳴三聲淚沾裳巴東三峽猿聲悲猿鳴至三聲聞者淚沾衣

宿巴江 譚掄 蜡

江聲五千里，鴈聲急，撥絃不覓日夜爭。教人少年一汀巫峽月，兩峙猿歸亦作子規天山影似相伴，濃淡到客舡。

竹枝歌 李涉

十二峯頭月欲低，空舲灘上子規啼。孤舟一夜東歸去，泣向東風憶建溪。十二峯巴山流 空舲灘巴下流

又 劉禹錫

山桃花紅滿上頭，蜀江春水拍江流。花紅易衰似郎意，水流無限似儂愁。

楊柳青青江水平，聞郎江上唱歌聲。東边日出西边雨，道是無晴还有晴。

巫峽蒼蒼烟雨時，清猿啼在最高枝。箇裏行人腸自斷，由來不是此聲悲。

瞿塘嘈嘈十二灘，此

中道路古來難長恨人心不如水等閑平地起波瀾

又 [illegible]

[illegible]詩 [illegible]人

妾愛看花下渚宮郎思沽酒醉臨邛春衣未織機中錦只是長縧二三得縫

楓林樹樹有猿啼若箇听來不慘悽今夜郎舟宿何處巴東末在定巴西 詞近俚古志載今巴人常歌故録

留別屯吏詩 劉禹錫

三年楚國巴城守一去揚州揚子津唯有九歌詞數首里中留與賽蠻神 黃太史書之號絕倡劉謫黔不去任作也巴舊黔路古志有

瀼西寒望 杜甫

水色含群動朝光切太虛年侵頻悵望興遠一蕭疎猿掛時相學鷗行炯自如瞿塘春欲至定卜瀼西居 甫先居赤甲大曆二年三月方移居瀼西也

刈稻了詠懷 前人

稻穫空云水川平

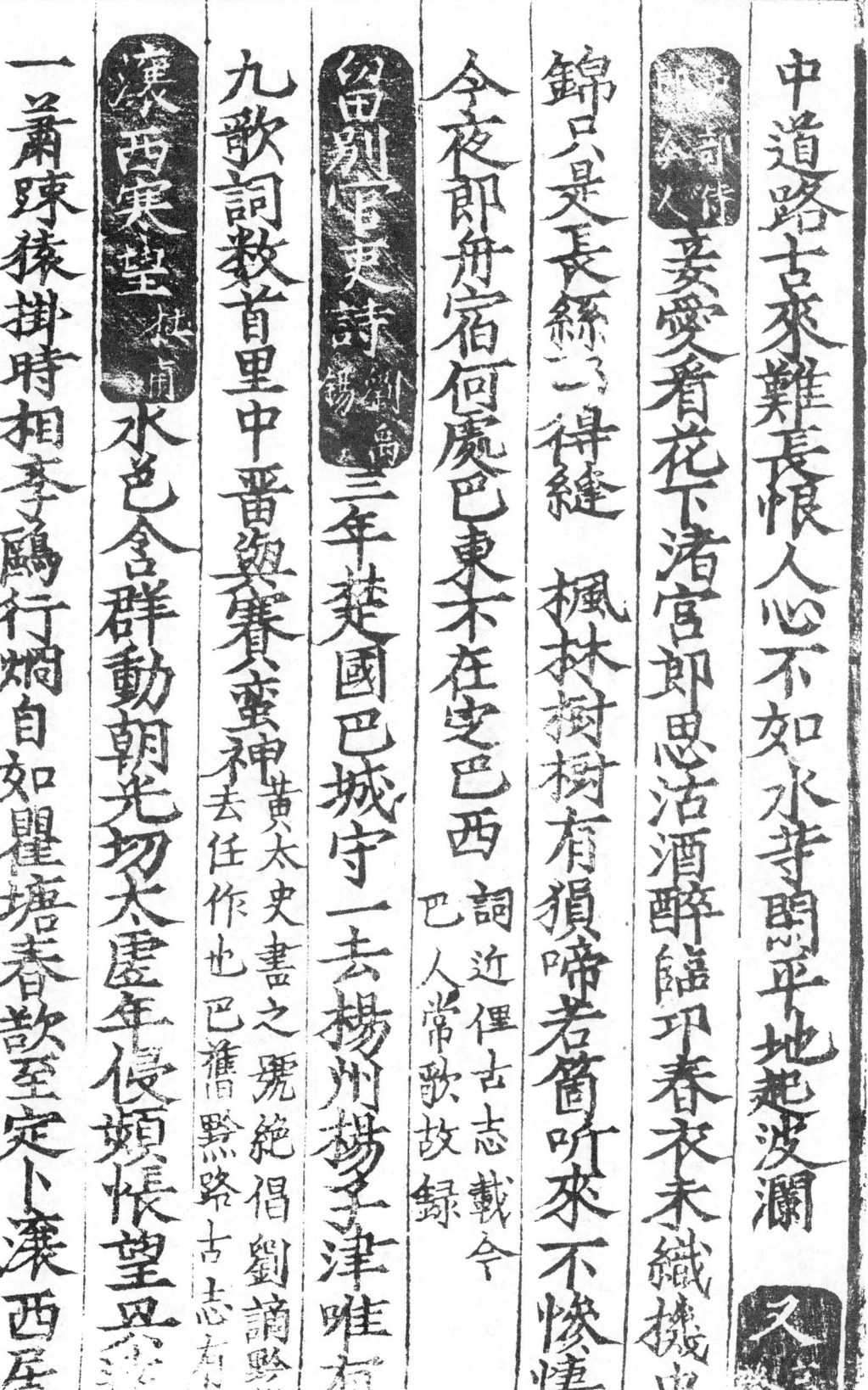

對石門（歸州巴東縣石門山也）寒風𩀱草木，曉日散雞豚。野哭初聞戰，樵歌稍出村。無家問消息，作客信乾坤。

黃魚　前人

日見巴東峽，黃魚出浪新。脂膏兼飼犬，長大不容身。筒桶相沿久，風雷肯謂神。泥沙卷涎沫，迴首怪龍鱗。

夔州歌　前人（唐初巴隸夔，歷年廷瀼西作瀼，即今巴之西瀼也）

中巴之東巴東山（水經：劉璋分三巴，今綿州曰巴西，歸州曰巴東，夔州曰中巴），江水開闢流其間。白帝高為三峽鎮，夔州險過百牢關。

瀼東瀼西一萬家，江北江南春冬花。背飛鶴子遺瓊蕊，相趁鳧鶵入蔣牙。

蜀麻吳鹽自古通，萬斛之舟行若風。長年三老長歌裏，白晝攤錢高浪中。

西瀼溪　前人

迢迢水出走長蛇

懷抱江村在野牙一葉蘭舟龍洞府數間茅屋野人家至今求絶禄搖衫樹春到間紅桃李花山下青蓮遺故址時時常有白雲遮

雨晴 前人

雨晴山不改晴罷峽如新天路看殊俗秋江思殺人有猿揮淚盡無犬送書頻故國愁眉外長歌欲損神

秋峽 前人

江濤万古峽肺氣久衰翁不昧防巴虎全生狎楚童冠裳垂素髮門巷落丹楓嘗恠商山老兼存羽翼功

巴山 前人

巴山遇中使云自峽城來盜賊還奔突乘輿恐未回天寒邵伯樹地闊望仙臺狼狽風塵裏群臣安在哉

唐[illegible]

君安州題壁 前人

臥病巴東久今年強作歸故人猶遠謫兹日

倍多遺接宴身兼杖聽歌淚滿衣諸公不相棄擁別借光輝

晚次樂鄉 陳子昂

故鄉杳無際日暮且孤征川原迷舊國道路入邊城野戍荒烟斷深山古木平如何此時恨噭噭夜猿鳴

峽中嘗茶 鄭谷

簇簇新英摘露光小江園裏火前嘗吳僧漫說鴉山好蜀叟休誇鳥嘴香入座半甌輕泛綠開緘數片淺含黃鹿門病客不歸去酒渴更知春味長

春日登樓 寇萊公

高樓聊引望杳杳一川平野水無人渡孤舟盡日橫荒村生斷靄古寺語流鶯舊業遥清渭沉思忽有驚

冬夜旅思 前人

年少嗟羈旅煙霄進未能江樓十里月雪屋一

龕灯遠信憑邊鴈孤吟寄岳僧炉灰愁擁坐硯水半成氷

夜泊江上 前人

歳暮峽中村維舟古樹根群峰初落月夜後猶

聞猿流水自無盡客愁那可論平明離楚岸迢遞指吴門

楚江夜懷 前人

西風生遠水蕭颯度吟臺明月夜还滿故人猶

未來寒蛩鳴暗室敗葉下蒼苔誰念空江水年年首重回

題山寺 前人

寺在猿啼外門開古澗邊山深微有徑樹老半無

枝望遠雲長暝談空日易移忽朝金馬去还失白蓮期

春晝偶書 前人

白晝偶成芳草夢起來幽思有誰知風簾不動

黄鸝語坐看庭花日影移

黄河上書壁 前人

暮天寥落凍雲

曾一望危亭歎下遥臨水數村誰畫得淺山寒雪未消時

過巴東夜雨 陳璉

暫借清溪伴釣翁沙边微雨濕孤蓬從今詩在巴東縣不屬覇橋風雪中

秋風亭 前人

江水秋風宋玉悲長官手自葺茅茨人生窮達誰能料蜺溪成驛又一時

過巴東縣不泊聞有萊公遺跡 陸游

萊公昔未遇寂寞在巴東聞道山中樹猶餘手種松江山養豪俊林數困英雄孰[illegible]迎官長趋塵拜下風當年誰剌史應未識三公

秋風亭 前人

知公惠在巴東不識三朝社稷功平日孤[illegible]何處江亭依舊傍秋風

[illegible]

生來自是濟川才不逐亢庸混草萊宋室元[illegible]安社稷何須有地起樓臺

[illegible]前唐使君宴別詩 [illegible]

巴俗深留客吳儂但憶歸直知難共語不是故相違東縣聞銅臭西陵換裌衣丁寧巫峽雨謹莫暗朝暉

巴東縣懷寇忠愍 明 王十[illegible]

製衣錦工夫早不同至今人道寇巴東澶淵一段奇功業句在孤舟野水中　堂前双栢今猶在渡口孤舟依舊横不似公安挿竹處凜然容貌尚如生

[illegible] 前人

萊公經濟業志在巴東詩斯人不復見亭上秋風

悲（解嘲前人）野水一丹經吟詠手一般景象兩般舟萊公相業當

郎句付與詩人子細搜寇萊公取韋蘇州野渡無人舟自橫之句增爲十字見於曾南豐所作公傳則知前輩作詩一言一句皆有來歷予用其說爲巴東祠記有新進士作詩云語當人意爲佳句何與韋郎野渡舟子用其韻以解嘲

○以上俱宋人

寇公柏（無名氏）

巴東縣中有雙柏故老相傳寇公植寇公牽邑有遺恩微物於人偏愛惜龍髯鶴拂空翠羽垂朽骨未脫蒼蛇姿冰霜不知天地老雨露猶將鱗甲滋銅柯稜稜雪幹直身與寇公同鐵石河陽滿縣已無花彭澤五株亦摧折何如此栢與此心萬古千秋同一日豈非勁氣貫乾坤苦節直心其

憐君老不見少今年嘆啚近時換柰撤種柔長不掛空

昔宗

來公祠下參天柏傳是栽公手自移益舞

攜飛待直參雲霄亭亭有高枝四時秀色亂山氣含之古青含

雨露滋一不比紛紛種桃李一番風雨一番悲

又

鐵石肌膚玉雪姿巴山高處有公祠六軍曾是親征日百辟

聞風服將庭外兩滋初種柏世間人讀舊題詩時巡昔過

公安日更有青青竹一枝

古驛庭中雙柏

樹蓁公手植自當時靈根易地茲新前發已參天並武祠父

老與深坊有祀祝獻揚烈忉無直遥對無空漲上庭萬一重

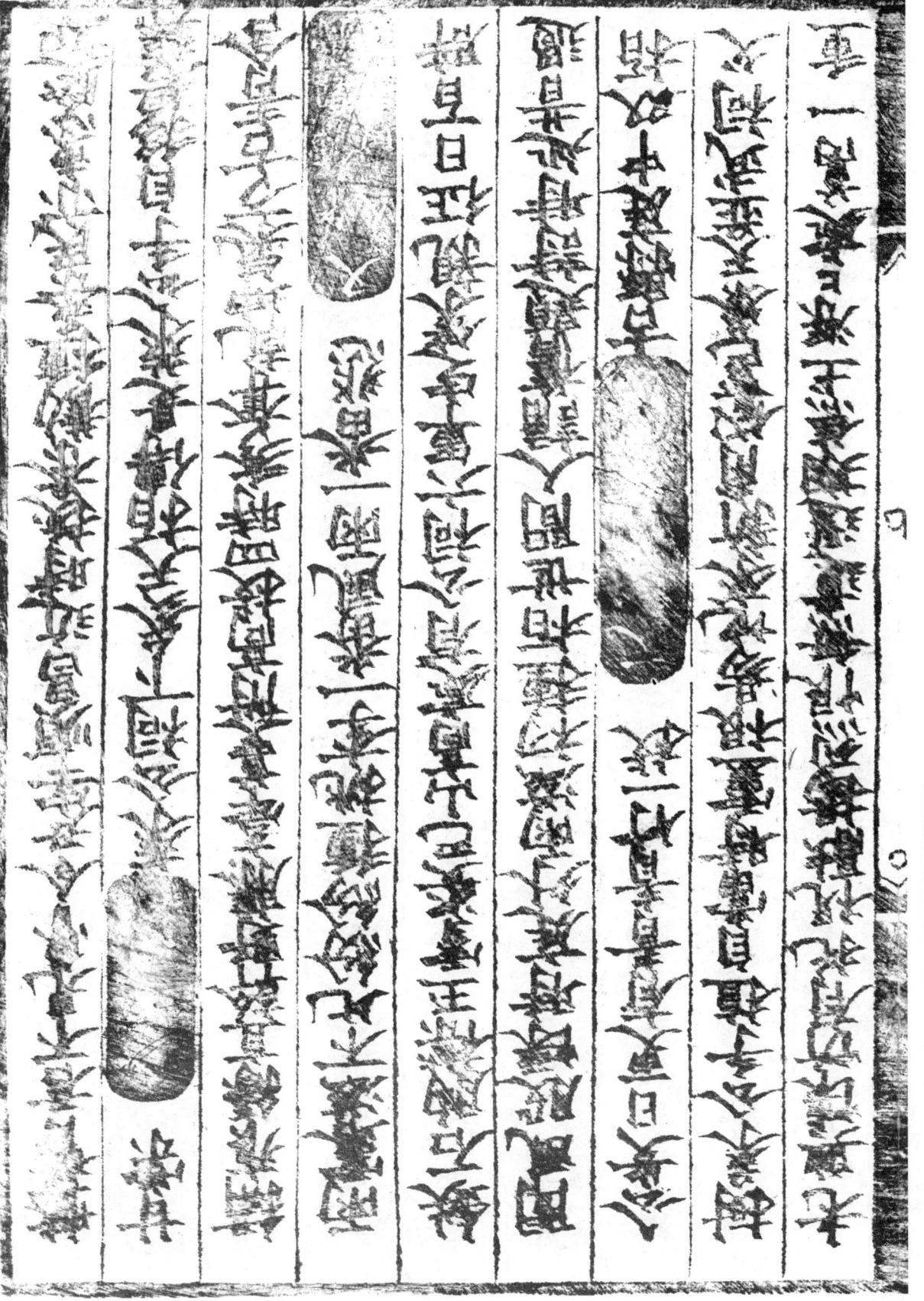

生符投[redacted]江干古縣已成墟呈佛先賢

特下車歲序推遷今已久聞圖歌頌高如初大才本自豪經綸

濟小試應須出緒金鑾木三朝遺愛崇林青尤在句信芳塵

[redacted]峽西一舍許兩山勢迴合巨石突似門鈌

衣護角西楚蜀咽大牙乾坤至闢開當關一夫守萬馬不敢

發雲倉龍入玲瓏元氣深深吐納風披巖竅閑水樹古蒼擁逢

轄此清巫山事莽莽皆

[redacted]巴東地盡楚西頭城郭人家明挑上流試

問古今更幾今冠公香火自春秋

過巴東縣偶題八首 考巴西四川黃□人湖廣黃太府

入山偶值巴天雨過泱還思楚水雲數笑寒煙滑鍐寘大開豚日日望南薰　古邑從來傍巴水漁樵都是負租丁山禽野獸相追逐雞犬何時得夜寧　萬壑奔來自蜀川龍沱寄使至今傳忽然一夜巫山雨行客從容且晝眠　閱與昔年曾歷此楚藩今日又重過荊南素食無波潤喜有隨行春雨多　公安枯竹仍生筍新栢巴祠更茂枝莫道高風追不盡古人也是一男兒　天寶多艱入淩夔[illegible]堂妻楚宦途悲吟得好詩雷赤甲驚人指點即吾師　秋風亭上雨飛飛野草寒花暗落暉一味清風

吹綫犢江山如故昔人非　行盡山頭不復山巴東危險亦難攀人心未必皆如此當與同胞日往還

過瀼西閣祠今猶復杜祠宿其事詩從之　趙維垣永寧人按察司副使

先生祠枕草堂邊一片寒山宿暮烟仙令可能恢舊業石頭池上倚江天

過巴東懷古　徐欽四川副使

晚泊巴山憶寇翁千峯雷雨送孤蓬蕭蕭萬里西歸客徹夜凄凉野渡中

瀼西晚憩主人樓　孟淮河南祥符人四川參議

虛閣臨江起長途倦旅停客登春似畫漁火遠如星村酒情相親冊床夢可寧冰陵曾此憩應是主人庭

過巴東懷寇公　高公韶內江人

一入巴

東境河山照眼明秋風遺勝縣古栢植高名世路兵戈滿江城詩禮并因君聊慰息襟抱有餘清

過巴東四首 [illegible]

從來蜀道說崎嶇山此地逕遲信馬蹄復到夷陵尋舊迹東風花柳故人稀右蜀道難公曾守夷陵故云

碧山十二隔江沙峰嶺重重是妾家一別楚宮遺世夢朝雲暮雨自天涯右巫山高

雲雨臺荒何處宮長途暮春日映山楓浮生來往渾間事不獨襄王是夢中右陽臺夢

買村江畔夕陽斜生長明妃未有家自出金屛仍漢骨年年青塚照胡沙右昭君村

題巴山驛 [illegible]

路入巴東宿雨收萬山兩岸水奔流鵑

鴣不管王程急，相喚相呼未肯休。

又

信宿巴東峽，蕭蕭落木暗巢青。石嶠猿啼白雲鎖，野渡鳴榔漁村暗葯。猶不知江水上，煙景即滄浪。

又

巴山古驛挑江頭，門對青峯水遶流。地控荊襄迎使節，路通蜀楚泊官舟。玄猿夜嘯千山月，碧樹朝涵万壑秋。為覓萊公形勝跡，嘶花白鹿尚來遊。

嵯峨山勢接青冥，民傍岩居卯得平。林密但聞多鳥韻，夜深唯听乱猿声。江從蜀水狂瀾湧，地接巫峯翠黛橫。遥想古今多宦者，萊公此處獨留名。

金井梧桐墜落秋，秋風亭下駐鳴騶

不盡當年思，乘興何妨此日遊。巴峽煙花危石磴，楚人…[illegible]

趣，溪流孤舟野水多情緒，滌却塵煩縱遠眸。

[illegible]

歌涼生天霽秋，紛紛冠蓋擁行驂，一川綠水遶清冰，兩岸清

山感舊遊，芒屐踏穿尋古蹟，殘碑讀罷羨名流。秋風亭上徘

徊久，勝陟無邊快遠眸。

鬼谷洞[illegible]

試誇已數雄，崖峰嶸屹屹，不牽灘小舟楫，

具秉軸石理，分地古蟠蒼栢，亭帶白雲悠悠，千載後悵望

仰清芬。

鬼谷洞[illegible]

登登石磴上，已見此地曾經鉅公鑿，

綸望隆久勝敵澶淵謀決竟成功要知枯竹幾莖活須信丹

心一點通嶺海間關君不惜百年青史照孤忠 [illegible]

[illegible] 昔聞遺愛在巴東人構靈祠倚孝宮白鹿頻鳴知上相

青山爲爾識名公功扶社稷流芳遠忠契君臣錫號隆擬欲

迎神祠一閧邦人歆祀祝年豐 [illegible] 忠誠非不受

君知自是功高勢必危澶淵心似鐵[illegible]身南海命如絲

義華不報生前恨枯竹還萌死後枝今日巴東拜君像高山

仰止起遐思 [illegible] 祠下春深碧草齊祠前香

火走群黎談風古栢懷遺澤野水孤舟感舊題大計手天下

北望孤忠心繫洛陽羣秀巔一薦情何限巫峽雲帆西復西

又 南充韶丙江人 邵鄉史

巴峽江流天地長巴東旧樂亦章乎民不事催科政供賦尤通雜務鄉官秩自當居然鵷鷺稱臺曾此肅風霜維舟試向閭閻問仁俗年來更倍常

又 王佩南 廣東鄞 名人

雙栢春風鳴楚域孤舟脫棹渡澧渊當時五鬼家何在惟老樓臺自萬年

又 魏嶠 江西 郡陂人

鄖廟安危力萬鈞泰山喬嶽宇嶙峋當陽何以有此老宋室未知能幾人濟海舟航橫野渡謫居池館動星辰南來為問崖山相曾似燕子廟貌新

又 王書柬 湖廣参議 人

萊公祠下挹清風千載人心仰戴同天與宋朝

綿遠祚澶淵一策建元功

又[illegible]

白雲深鎖古靈祠憩在巴東去後思幾度令人仰忠義爲摩叅蘚讀殘碑

又[illegible]

當年賢相宰巴東百歲謳歌樂歲豐自是公餘無一事舟横野水夕陽中

又[illegible]

清風弭棹江之東古廟森森霽月當中松栢千尋遺楚愛蒸嘗百代走巴翁

澶淵匡國真公寄寓海撥荒本素忠貺渡斜陽訊漁子至今猶說寇萊公

又[illegible]合州人[illegible]

白鹿憐人意山僧不解鳴自從庭栢老依稀野花明峽峻江流遠風高月影清荒吉可繼袖手看舟横

又[illegible]

昔年曾夢寇萊公

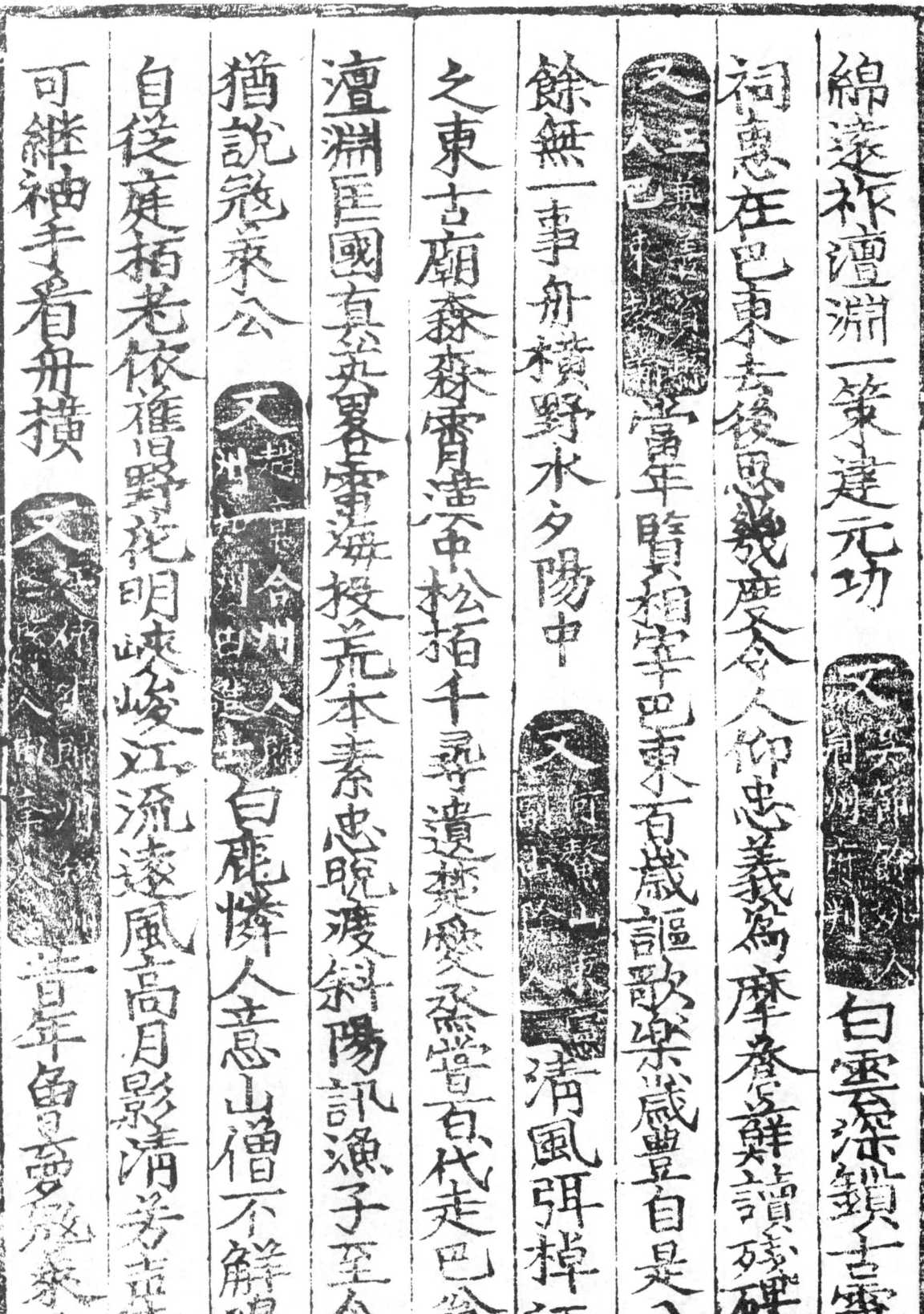

韭宇歸州道可通野渡舟横三峡水荒祠栢舞四時風澧淵
業蹟千鈞重鎖鑰身當一面雄貢日英魂常不泯穿碑數尺
表孤忠　又 [illegible] 鄧義功名照簡策至今遺愛尚生風不
磨公論堅如砥常障狂瀾百折東　又 [illegible] 寇公祠宇
臨煙霞一度登臨一感嗟鑊柄斷殘人已去虛空放野棠
花　又 [illegible] 寇公才德冠當時出宰巴東入鳳池神相充
羅灘水惡鹿鳴曾報寺僧知功扶社稷澧淵業志寓經綸野
渡詩赫ヒ精忠照萬古後人誰不仰英祠　又 [illegible] 宰邑
高名著昔時至今遺愛在公祠循良政治身爲度經濟才華

志見詩過亭風吉岩鹿報到頭萬葉史官知巴人心似東流
水萬古滔滔不盡思 文人 古栢森森勢接天甘棠遺
愛至今傳黃麑白鹿知行次野水孤舟識濟川政府權宜爲
百辟北門鎖鑰重三過宋朝若箇從君許北爲安能八十年
秋風亭 宋寇萊公 秋風亭上半蒿萊亭上秋風我獨來亭與
秋風久無主斷碑猶臥綠苔 草堂基在
綠楊堤春草初生臥鹿麋惆悵杜陵今去後青山如舊滾東
西 舊縣治 人家仍在溪西下天近舊縣空山鳥啼
知興廢事野花枝上語春風 洞豌無泥却有痕

一溪流出自雲根，嵅中別有居民在，猶勝龐公隱鹿門。

[illegible]大沱有石浸江滑，潤堅貞硯最宜。不是當年神禹鑿，知何重見少陵詩。杜平侍御硯巨璞禹鑿餘[illegible]直上

招提愛景幽，爲躋輕路疊陰流。山僧出定趍相迓，溪鳥忘機任自遊。勝訪雖無玉帶鎮，新題豈爲碧紗籠。雍容且濯涼亭水，一片塵懷到此休。

[illegible]惟余謫宰西川日，何似先生作邑時。野水孫舟空悵望，青天紅日繫遐思。庭前古柏應堪惜，江上寒梅只自宜。千載悠悠心思別，由來氣味亦如斯。

又[illegible]

舊令相傳寇相公，一方過化憶高風。甘棠誰翦巴山樹，祠下江流日夜東。一身進退關宗社，豈獨區區百里風。可惜澶淵名定後，北門南海路西東。

又　盛杲　知縣

手栽雙柏澤猶存，一愛比甘棠郡更尊。遺蔭莫言無翦伐，滋培還屬後來人。

又　陳敏道

節義功名照簡編，至今遺愛尚生風。不磨公論堅如砥，長障狂瀾百折東。

又　[illegible]

巫山峯雲氣猶甘棠祠，峽水波瀾不野渡舟。庭柏後彫天地老，那同桑海計春秋。

記類

寇忠愍公祠記 [illegible]閣待制 夔州路安撫使

詩言志非謂其必出於作者之手而後見其志也後之人有取於古詩一章一句而賦誦之亦足以見焉國朝太平興國中寇萊公爲巴東令有野水無人渡孤舟盡日横之句識者知其必大用然世知誦公詩而不知是詩本出於韋應物公取其七字析而增之應物[illegible]能道是語而官止於郡刺史不見於設施殆不過爲詞人之詩而已至公取而用之則果能舟楫巨川是豈後人因其句試之效而爲是傳會之說耶蓋公稚存濟世心與舟横野渡

之意合正猶鄭七子之作取風人之章而賦之言發諸口而
肺肝之隱洞然可見志之善惡身之吉凶禍福皆不能逃趙
孟之所料也公爲是邑時年方踰冠有愛在民世呼爲寇巴
東其後致身宰相踐其所言景德澶淵之功尤爲隽偉方契
丹入寇中外匈匈當時若從建議之臣幸蜀江南則胡馬不
止於飲河洛而三光五嶽之氣必分公獨毅然決親征之策
鑾輿一動醜虜自斃社稷安於太山天下混一者二百年較
其功烈與傳岩之人任舟楫之寄中興有商未可得而輕
重然性素剛直不與物浮沉晚節爲丁謂所擠流落南荒以殁

天下至今哀之十朋頃過公安問起竹丹生處有祠在焉因賦詩弔之過巴東舊治訪其祠則已廢矣惟秋風亭尚存則又賦詩有不似公安之歎縣尉王寧孫者永嘉人也因命其建祠塑像寧孫即亭祀之既成以其圖來有毛君恕者令是邑集公詩百餘篇并刻予詩以寄且請記之予平生欣慕公之爲人每歎靖康間復有如公者出則南北豈至於分裂耶公之事因予所樂書尚奚俟乎再三之請然巴東古祠遺像廢而復興殘編斷稾散而復集江山增氣如公更生雖發端於予而卒成之者令與尉也皆不可以不書

重建寇萊公祠堂記 湖廣僉事施[illegible]

廟祀之設，其來尚矣。見諸禮經，則曰能禦大災則祀之，能捍大患則祀之。凡有功德於民者，寧不能祠以祀之乎！巴東邑有舊令宋丞相寇萊公祠堂，是乾道間縣尉王寧孫所建，歲時致祭，水旱疾疫，有禱輒應。久而燬于兵燹，與公所治秋風白雲亭故址俱存，距今邑治幾七八里許，阻山隔江，涉舟莫達，民以祭禱為艱，屢欲改建而工未就。景泰甲戌春，予適按部至邑，時鄰境見猛虎為害，獨巴東無虞。父老因相感歎，進而請曰：我公遺愛在人，迨今三百餘歲，猶能福衛是邦。先時公遊壽寧禪寺，僧嘗預識其爲迎迓公帷而問故僧曰寺崖有白鹿但公至必爲之一頫鳴公試而驗之遂神其地竟遷邑治於茲并肄白鹿亭以爲遊憩之所歲久亭毀邑人因遺址改建公祠以便居人祀事敢以是請余書而應曰公何惠愛之深及民之遠而若是乎若寺亦可謂知報本之所自矣建之夫豈不宜衆聞而喜躍樂于趨事不越月而祠訖工爵尹張侯洎僚屬復請爲記以誌諸石夫以三九五嶽之氣萃全而孕鍾于公故生爲名臣沒爲神靈于以福國利民此理之常無足怪者間嘗閱公本傳自幼岐嶷年方十六以父陰著上書行在辭色激昂事止無畏太宗

壯之命有司記姓名後二年第進士擢任巴東縣令實太平
興國中也比方抵任舟經叱灘險幾覆溺忽神自水中挾舟
公詰之答曰我黃魔神也公異曰當大用故來擁護但祿倅
不顯出見公以歸祕技之神即以祕藏懷出舟而去既而[illegible]
政無期會賦役不出符牒惟具鄉里姓名揭縣門民莫敢後
者用是朞年之間政化大行嘗手植雙柏于庭人比甘棠因
號為萊公柏廉介剛方不矜細故每臨事必以大義決之詩
嘗取野水無人渡孤舟盡日横之句以寓興識者知其有濟
川之才至真宗朝拜相政府清肅邊患鎮安澶淵一盟虜

首歎服中興賢相公爲首稱後惟丁謂之諂黨亂言[illegible]道經
公安以竹揷地仰天誓曰準若不負朝廷此竹當復生未幾
謂亦有崖州之貶公以蒸羊迎諸境上且戒家人必靡有他
謂亦慚悔非有古人之風滄海之量疇克臻是公雖受誣終
不自明卒于南荒可哀也已其後李遵勗疏公平昔章奏仁
宗上覽始見曲直復公爵位贈中書令謚萊國忠愍公詔塋
洛陽過公安而向誓之枯竹復生民泣爭爲立祠此非德動
上天能如是乎宜其汗簡流芳世享廟祀邦人崇重有隆無
替況祠傾李宮比舊尤爲壯麗不可無述以紀歲月復爲遂

神詞一闋以遺邦人俾歌以祀公其詞曰公神游兮來帝所颯英靈兮蘇下土雷鼓鳴兮雲旗揚公陟降兮在庭户酹牢潔兮黍稷香廣歆享兮昭灵光譊諂滅兮悟君王謚贈加兮名愈彰詔歸遲兮自南羌誓竹生兮榮道傍輿悲思兮感溯滂變庭栢兮如茸崇建祠祀兮依崇岡福吾民兮壽無疆

重修儒學記

楊啓文 閬中人 訓導

巴東為楚西境上劇邑攝乎荊歸巫黔隃阨之間形勝聞於天下其廟學建置最久莫稽其詳邑志謂洪武初建正統成化間重脩繼因溪漲潰流野燹之遷幾迨今傾圮殆甚

文廟僅存環堵兩廡戟門類遺礎碣春秋釋菜縛竿帷席以從
事生徒把茅縛藩而游息焉嘉靖甲辰秋龍水葉侯禎來宰
是邑首以作興學校爲務進培之暨生徒日與之講業顧瞻
廟學歎曰伊誰之責與培之曰凡人以脩建爲難者用財于
官則上疑用力於下則民擾易於爲者或不能終怯於力者
或不能任侯曰是不難顧處之何如耳於是召治民萬祥一
輩數十人以大義諭之咸樂捐貲若干緡以助厥成乃庀材
傭工仍故址而益拓其基首建
文廟凡八楹翼以重簷增飭於舊次建兩廡各十二楹因地之

崇阜爲樓，曰稱從祀；下爲號舍，以居生徒；中爲戟門，六楹，與
兩廡稱；外爲櫺星門，四楹；又外爲芹宮坊，西楹金碧，焜燿遠
邇，壯觀芹宮。坊左爲成德坊，右爲達材坊，中爲儒學坊門。坊
間近江隙地，爲書院樓五間，扁以鳴道；外樹之門，扁以遜者，
如斯，咸寓道體以示教也。是役也，經始于歲乙巳春仲之吉，
越數月，適學諭徐君允寬來自武寧，相與贊襄，而落成焉。財
不動于官而用自贍，力不籍于民而工日集。惟行之以公感
之以義，吕竣厥事耳。今年夏，侯有梧州郡佐之擢，邑弟子員
譚生以漸偕諸生造曰：侯之功大矣，不可不紀之石。然知侯

之功知功之始末者惟先生爲最敢以是請培之曰侯之功誠大矣匪石之能紀也惟茲廟貌聿新宫墻宏麗凡由是路出入是門者裸將思欽居安思靜惟侯之錫也爾多士涵濡育之化而申之以敬靜之功德業所造將應運而興吕鳴斯世以大建立仰承我

聖朝建學右文之盛典則賢侯作興脩建之功自當銘於永永而焉奕于後矣巴山片石烏足爲之重輕特志其實以紀其工之歲月云可爰諸生唯　上遂書而刻之於石

新建石佛經記　沈繼□閩中人前□事中今福建布政

嘉靖丁未龍山沈子自

滇省將之任山東續拜淛藩之
命放舟南下泊於巴東邑宰許子周暨李諭冷子允寬率闔邑
士夫耆民數百人捧狀造曰邑南九十里許崇山峻嶺林木
深茂爲邑後都召化地西鄰蜀連施南通石柱連天二関遠
接施容數土司外控諸夷内爲巴邑之保障先是蜀歲歉
民多流徙於此土夷相搆于盜晷掠甚慘郡邑大震適今貫
守黙齋翁來首以弭捕爲事授方任能甫浹旬獲其渠惡首
厥協從而群盜遂熄捷聞諸臺省交檄嘉獎　撫臺賜答
葉公注曰性質剛明政務脩舉捕獲多而継以賑恤恩威並

行禁令嚴而才能幹濟軍民允服然猶慮夫險阻尚存而後
有爲焉者迺議因地建堡戍之以兵以杜後患以爲久安之
圖乃請於諸當道咸允其議量工命日民之趨事者不啻子
來爲土垣數十雉以捍其外爲懷遠樓樹之門以司啓閉爲
公廳四楹廨舍廊房數十楹以居戍官爲營房百餘區以栖
戍卒餘基地募民之願居者俾自爲廬舍外拓其山地若干
頃分給四近之民任自墾闢以爲業甫越月而工竣于是民
之徙者日歸耕者日衆遊於途者日繹不絕其遠通郡城諧
其藩屏以安業者不可以枚舉咸欣忻然有慶謂數百年來

後有今日之安也耆艾扶攜頌聲滿道願得椽筆以載之銘
情詞懇至龍山子乃諭于司訓楊子曰茲所謂默齋者非王
歸州乎吾在襄與許郡守名山慮及新灘事彼述王子平賊
之功甚備而義後之業甚長將何有於茲灘也夫功逮於平
賊可以觀才業長於善後可以觀智歸州赤子其信得所歸
乎又聞王子代州人繫單于之頸而笞其背固其餘事也
區區數酋虎口牛刀割雞且然則諸臺省之交檄嘉獎也固
宜盡碑之以告後之司牧者

敬一亭啓聖祠記 楊[illegible] 中人[illegible]

記曰偉哉

聖天子建中興之治緝熙

聖學

聖製敬一箴五箴註釋推廣

聖孝崇啓聖祀所以遂承先繼道統之傳執[illegible]百王垂憲萬世

者也巳雖僻邑欽遵

德意與中州郡邑同第以學宫基地隘而規制未底於宏麗

祠祀未妥於禮止凡沿襲為常韶陽許侯以戊選儁才來爲之

宰首以是務為急乃卜地于明倫堂左得高阜處重建

敬一亭三間仍於亭前建啓聖祠三間又於亭祠對所飛鳳山巔增甃文峯以聚風氣以振人文後不擾於里民財惟給于措置邑人士樂觀厥成欲紀之石侯固辭不可今年春侯以致政歸鄉士夫游君玉顯馮君泉等庠生譚以漸譚守愚等耆民馮禄徐元等凡百數人相與磨其堅珉屬于培之謂侯治邑三載善政居多茲將行矣請因事屬詞以紀其實何如培之曰人臣之事莫大於忠忠莫大承宣君澤以愛於民尤莫大於有所忠愛而不有其功也顧茲亭祠盛典寔惟我

皇上風教天下後世者侯能遵承之以淑斯邑斯民匪值游章

於者有所觀感凡厥黎庶覩亭碑之崇曰是教民作敬也罔敢不敬覩祠祀之新曰是教民作孝也罔敢不孝敬者德之輿也孝者德之基也輿與以載之基以樹之忠愛之德可與之行可與之立矣夫是舉也有教存焉詩曰敬慎威儀維民之則又曰靡有不孝自求伊祜蓋象侯循類宫史克頌其事者絃風教所関重於脩類願歌是詩以為之紀侯名周字希旦號龍山韶之曲江人其善政在民有口碑載兹不複二尹甘君大耀與有賛佐之力焉宜備書之是為記

巴東縣志卷三

荆楚文庫

〔萬曆〕巴東縣志

〔明〕李光前 纂修

《荆楚文庫·方志編》編纂組

組　　長：賀定安　陽海清（執行）

副 組 長：劉傑民（執行）　王　濤　謝春枝　范志毅（執行）

參編人員（按姓氏筆畫排名）：

王　濤　李云超　宋澤宇　范志毅　馬盛南　陳建勛

梅　琳　張　晨　張雅俐　陽海清　彭余焕　彭筱澂

賀定安　楊愛華　劉傑民　潘　玲　謝春枝　嚴繼東

編　　審：周　榮

顧　　問：沈乃文　李國慶　吴　格

前言

《〔萬曆〕巴東縣志》四卷，明李光前纂修，抄本。

李光前，四川劍閣人，舉人，萬曆中官巴東知縣。

巴東歷史悠久，隋開皇年間始置縣，沿革詳參《〔嘉靖〕巴東縣志》影印前言。

明以前舊志無徵。明正德七年（一五一二），知縣何山等曾修縣志二卷，惜已不見傳本。現存最早縣志爲明嘉靖間邑令許周所修，有嘉靖三十年（一五五一）刻本，自此之後，邑志歷久失修，遺事頗多，李光前蒞任后，修縣志四卷。是志前二卷已佚，無序文、凡例、目録、修纂姓氏可考，僅存卷三、卷四，全書總約三萬字。卷三人事志，紀縣宇、學校、壇祠，秩祀、坊表、津梁、户口、田賦、兵防、驛傳、榷政、惠政、風俗、寺觀；卷四藝文志，紀誥勑、賦、記、疏、説、銘、贊、略、雜詠、詩。

與嘉靖志比較：是志雖爲殘本，但各目增補較多，所紀内容更爲詳盡；增設了學校、壇祠、兵防等方志常設之目，内容更加完整；藝文一門，收録範圍更廣，增加了誥勑、賦、記、説、銘、贊、略、雜詠等内容，尤爲重視對詩歌的輯録，所收詩歌，爲前志數倍。縱觀全書，是志採用了綱目體，分綱列目，於人事志、藝文志兩大門類之下細分子目，門類歸併亦更顯得體，易於查閲。

户口目所紀内容，始於唐天寶年間，止於明萬曆三十年（一六〇二），載有户口總數及民户、軍户、雜役户、男丁、婦女等細分數據；田賦目所紀甚詳，主載本朝之田畝數及小麥、大米徵收額度，另載所收税銀之詳細數據和支出項目；這些皆爲研究本縣該時期社會經濟狀況之重要史料。

據《中國地方志聯合目録》，是志有明萬曆三十四年（一六〇六）刻本，惟湖北省館有藏，核該館原書，實爲抄本，該藏本抄録工整、字迹清晰，兹據此影印。國圖、上海亦有收藏，皆殘存三、四兩卷。

（彭余焕）

目録

巴東縣志三卷

人事志

縣宇

縣治南依巴山北向大江洪武初建正統中重建屢燬於火正德間盛果嘉靖間王魯萬華增修隆慶間火鄒光裕改儒學於壽寧寺併學地重建萬歷間高尚德復學移修近水火頻仍萬曆叁十年巡撫都御史趙公可懷檄知縣張尚儒赴省議遷治於西瀼不果尋卒　後分巡道周公應中知府徐公時進知州葉公承櫝知縣張公尚儒建進賢樓學泮宮坊文昌閣皆風氣所關也治中爲節愛廳廳左

存用庫廳後何陋軒知縣李維棟題升階為內宅門為後堂堂後為知縣廨廨後為連理閣萬歷三十一年張尚儒建詳見藝文閣後為鎮宅神祠慕廳右差上為灒廨舊在縣門外右嘉靖間李注改建差下為尉廨尉廨右為吏舍萬歷三十五年山水沖廢廳兩翼為六椽房中為戒石亭前為儀門角門外左為迎賓館右為土地祠為獄房前為正門門上為譙樓府司理王公三善題曰來江樓舊樓三間稍尖而前文五許不利萬歷三十二年張尚儒改建義民譚遜王可久督修詳見朱翰林記前為屏墻為挹秀門張尚儒建旌善亭申明亭舊燬萬歷三十二年張尚儒建稍西為布政按察分司洪武間建慶燬知縣陳瑛戢果戴冕等修僧會司在壽寧寺道會司在三朝觀稍東為巴山驛洪武初建慶燬水火戢果等修詳見驛傳陰陽學舊在治東廢醫

學 舊在巴山驛後燬廢

治南有連天關巡檢司

野三關巡檢司

召化堡

紅砂堡 詳見兵防

治北江對岸有察院 往來縉紳多宿此別有題詠詳見藝文

牛口巡檢司 舊在牛口歸州界內後還今江北司仍隸歸州其引兵基地皆巴屬

治前有總舖 舊在治前左火萬歷三十二年張尚儒建治前右

往歸州有牛口舖 治東二十里歸州接界含圯

往川有西瀼舖 治西二十里含圯

火峯路下舖 治西五十里

往施建有茶店舖 治南三十五里萬曆十五年知縣高尚德建

楊柳荒 治南八十里

舊舖 治西八十里與巫山羅鼓舖接廢

梅子舖 治西四十里廢

板橋舖 治西三里廢

石舖 治東十里廢

古驛舖 治南一百里

新建東路亭 在三岊坡萬歷三十一年張尚儒建扁曰高山景行又曰東達荊襄

西路亭 在東瀼渡口萬歷三十一年張尚儒建扁曰野渡橫舟又曰西通巫蜀

相公泉亭 在壽寧寺東泉從石隙中出味極甘列四時不竭居民賴之呼為凉水井正德間知縣盛果建京未

井亭後廢萬歷三十三年知縣張尚儒題易今名建有亭

舊有秋風亭在舊縣治左冠萊公建廢知縣盛果建今治西山巒之上葉禎委民趙英茸之迺廢

白雲學在舊縣治左冠萊公建廢知縣盛果建今壽寧寺前迺廢

清風亭在治後山盛果建廢

鹿泉亭在學宮之後盛果建廢水泉白列殊甚冠公為令時常有白鹿鳴于此

白鹿台在冠公祠左萊公為令時常遊壽寧寺有白鹿遶台鳴詳見靈瑞

飛鳳台在治南二十里

學校

儒學在縣治左依巴山脉北向前對飛鳳紗帽山洪武初建正統天順間葺之成化中知縣鮑宣安重建隆慶間火遷建於壽寧寺基不利萬歷十五年改復今址較舊稍狹焉中為先師廟前為露台為東西兩廡為戟門門外左名宦祠右鄉賢祠高尚德建在啟聖祠左三十二年張尚儒儒改建分址白銓向伊督修星門前為泮宮坊廟後為啟聖祠祠後為訓導廨西廡後為祭器庫舊為小樓久圮張尚儒改為庫東廡左有溝溝有青雲橋由橋而入為明倫堂堂後為教諭廨胡邦讓有衙說見藝文堂之下為博文約禮齋前為門屏胡邦讓王廷修是為儒學門舊北向推官吳天挺逢大知縣

葉禎、許周改東向羅頭山，萬歷十三年改復北向。

舊有敬一亭 在今訓導廨基，知縣許周增修，中置碑九通，亭燬，碑存其半。

神廚號舍 在東西廡下，知縣盛果、葉禎建，廢。

文昌書院 在文廟後，知縣王魯建，廢。

射圃 在巴山馹後，廢。

講書樓

明道樓 在儒學前，知縣

壇祠

邑露而祀者曰壇貌而享者曰廟社稷壇在治東南一里許共工氏之子句龍為后土官能平水土祀以為社烈山氏之子柱能置百穀夏以前祀為稷殷以柱久遠而堯時棄為后稷亦能植五谷故廢柱祀棄為稷見周語

山川壇在治西一里許周禮祀風師雨師唐天寶五載始祀雷本朝又加以雲合為一壇城隍地道也與山川風雲雷雨並壇而祀

邑厲壇在治東北二里許左傳謂鬼有所歸乃不為厲厲祭自三代以來有之我　朝洪武三年命天下立壇鄉厲各里都閭立

城隍廟在上街洪武初建天順中知縣鮑宣安重建正德門盛果葺之嘉靖間大知州正錫知縣許周葺之萬歷三十二年張尚儒重修事物紀原云秦功臣馮尚夢感于漢高祖曰奉天帝命與王頒城隍陰事故自漢迄今遂為天下通祀　國初詠前代遺制弘武元年皆加以封爵府曰公州曰侯縣曰伯三年詔去封號止稱其府禁州某縣城隍之神是年六月又降旨各處城隍廟屏去閭櫟神道廟宇俱如其公廨設公

塑筆硯如其守令造為木主毀其塑像棄置水中取其泥途壁繪以雲山其在兩廡者如之新官到任俾其與神誓

玉皇閣在治西二里許萬歷十三年道士王道成募建文昌閣在治東二里許舊在學宮左廢萬歷年間羅萬重建于縣之左山未就張尚儒改建今址與玉皇閣對峙東西相望義民吳世美賈廷瑤督修關將軍廟在治東一里許萬歷年間建三十二年居民賈登等重修增置門樓屋三間土主廟在冠公祠左廢二郎廟一在厲壇西廢一在後街五顯廟在中街蕭公廟一在治西瓦窰溪上一在江北飛鳳山下一在東瀼七聖廟在治東南廢川主廟在厲壇下廢漢昭烈廟在前一都仙女廟在西瀼冠萊公祠在學宮之左阜宋乾道間建舊縣燬于兵　國朝景泰五年建今祠正德中盛于杲葺之為屋五楹以居守者火後重建視舊制稍隘萬歷三十二年張尚儒重修增置拜殿有王梅溪等祀題來詳見藝文

三

公祠在萊公祠左士民祠知縣戚果葉禎鄧光裕火杜少陵祠在西瀼知縣
王魯建主簿甘火耀監生向九洲重建額祀萬歷
年間知縣李維棟建有方伯列勳等題咏見藝文

秩祀

至聖廟以祀先師孔子配以四子列以十哲從祀以先賢
先儒時用春秋月用仲日用上下牲用少牢禮用侯國樂
用六佾祭前三日齋戒設牌不飲酒不茹葷不問刑名
不弔喪問疾一日省牲演禮宿齊於學祭日五更行禮
其祭文曰惟師德配天地道冠古今删述六經垂憲萬
世惟茲仲春秋謹以牲帛醴齏粢盛庶品祇奉舊章式陳
明薦以復聖顏子宗聖曾子述聖子思子亞聖孟子配
尚饗
啟聖祠以祀孔子父叔梁紇配以顏無繇曾點孔鯉孟孫

民從祀以程珦朱松蔡元定祭之時日與孔子同

名宦祠以祀良有司宋縣令寇準　國朝知縣張尚儒鄒光裕共三人其祭文曰恭惟先達繼牧茲土功德在民模範永賴

鄉賢祠以祀鄉先生知縣向九洲儒官向朝恩共二人祭日同上丁其祭文曰山川鍾靈先生間值出處不同姱修則一德重鄉評功餘梓里肇奠神跌允宜血食

社稷壇歲以春秋仲月上戊日祀之其祝文曰品物資生烝民乃粒養育之功司土是賴維茲仲春秋禮宜告報祀謹以牲帛醴齏粢盛庶品式陳明薦尚饗

風雲雷雨山川城隍同壇歲以春秋仲月上巳日祀之其
祭文曰惟神妙用神機生育萬物奠我民居足我民食
某等欽承上命忝職茲土今當仲春秋謹以牲醴用伸常
祭
無祀鬼神壇歲以清明日七月十五日十月初一日祀之
東西各設里厲牒祭前三日發牒城隍廟至日迎城隍
至壇主之其祭文曰維某年月日某縣官某等欽依禮
部劄付
皇帝聖旨普天之下后土之上無不有人無不有鬼神人
鬼之道幽明雖殊其理則一故天下之廣兆民之衆必

立君以主之君總其大又設官分職于各府州縣以各長之各府州縣又于每一百户内設一里長以統領之上下之職紀綱不紊此治人之法如此

天子祭　天地神祇及天下山川王國各府州縣祭境内山川及祀典神祇庶民祭其祖先及里社土穀之神上下之禮各有等第此祀神之道如此尚念冥冥之中無祀鬼神昔為生民未知何故而殁其間有遭兵刃而横傷者有死于水火盜賊者有被人取財而逼死者有被人强奪妻妾而死者有遭刑禍而負屈死者有天災流行而疫死者有為猛獸毒蟲所害者有為饑餓凍死者

有因戰鬬而殞身者有因危急而自縊者有因墻屋傾頹而壓死者有死後無子孫者此等鬼魂或終于前代或没于近世或兵戈擾攘流移于他鄉或人烟斷絶久缺其祭祀姓名民滅而不傳祀典無聞而不載此等孤魂死無所依精氣未散結為陰靈或依草附木或作為妖怪悲號於星月之下呻吟於風雨之時凡遇人間節令心思陽世魂杳杳以無歸身墮沉淪意懸懸而望祭興言及此憐其慘悽故敕天下有司依時享祭在京都有太厲之祭在王國有國厲之祭在各府州有郡厲之祭在各縣有邑厲之祭在一里又各有鄉厲之祭期于

神依人而血食人敬神而知禮仍命本處城隍以主此
祭欽奉如此今某等不敢有違謹設壇于城北以三月
清明七月十五十月一日置備牲醴羮飯專祭本縣闔
境無祀鬼神等衆靈其不昧來饗此祭凡我一縣境内
人民倘有忤逆不孝不敬六親者有奸盜詐偽不畏公
法者有抝曲作直欺壓良善者有躲避差徭靠損貧户
者似此頑惡奸邪不良之徒神必報于城隍發露其事
使遭官府輕則笞洪杖斷不得號為良民重則徒流絞
斬不得生還鄉里若事未發露必遭陰譴使舉家并染
瘟疾六畜田蚕不利如有孝順父母和睦親戚畏懼官

府遵守禮法毋作非為良善忠厚之人神必達之城隍陰加護佑使其家道安寧生意順遂父母妻子保守鄉里我等闔縣官吏人等如有上欺　朝廷下枉良善貪財作弊蠹政害民者靈必無私一體昭報如此則鬼神有鑒察之明官府非諂諛之祭尚饗

公祠特祀寇公準先是以七月十四日為公壽辰具牲醴祭之正德間知縣盛杲益以春秋二祭壽日仍隨舊俗為之每歲徭編祭祀銀四兩萬曆二十二年知縣羅萬里申允立主名宦祠而特祀仍舊編艮裁革壽誕之祭則久廢矣知縣張尚儒率衆修舉其春秋二仲祭祀

文曰：惟公少年登第，出宰巴東，澤民成化，惠愛無窮。既而入相，秉直攄忠，澶淵之策，萬世之功。某等追惟芳躅，景仰高風，謹具牲帛，式薦于公。七月十四日祭祀文曰：惟公少有大志，早負重名，牛刀小試於巴邑，鴻恩大沛於蒼生，繼登台輔，益殫忠誠，建澶淵之策而外夷懾服，弘經濟之畧而中國安寧。公雖云逝，遺德猶馨，雙栢有公庭之秀，孤舟無野渡之横。今兹華誕，感仰不勝，謹效潔觴之獻，少伸景慕之情。皆知縣盛杲所製也。

紀異

嘉靖四十二年，有差役譚壁支出銀七十兩，查盤使者按邑，關頒襍之積案中不得，無以應，合議壁罪，建獄壁第 于公祠。至懶，使者夜夢公來謁，冠服偉然，獨背閒有損污處，一罪人長鬚抱案牘，隨公後跪堂下。公直曰：我冠巴東者是顧諸壁寃旦謂領狀可必得使者覺而召致壁壁果抱案牘跪堂下究然夢中長鬚人也壁具白稱寃使者心然之令于積牘中按原領忽出遂豁之乃致祭謁公祠體貌亦宛然夢中而背間果為屋漏所黖尤甚異之因出貲命修繪焉於戲公于數百年之後其精英軫恤凜凜猶生巴人即尸祝之焉能報稱萬一哉

杜工部祠特祀杜公甫萬歷中知縣楊春芳肇舉歲次春秋二仲月上庚日具牲醴致祭其祝文曰惟公大唐才子今古文雄憂君愛國學富詩工草堂寄寓瀼西東春秋蘋藻千載高風

關將軍祠歲以五月十三日為公壽辰士民迎燭致祭他如諸宮觀廟宇水旱疾疫有禱仍俗舉行多不領于官

坊表

承流宣化坊在縣治左右成化間建後易以發政施仁

騰蛟起鳳坊在學左右後易以成德達材

思萊坊在治左邑人為萊公建

迎恩坊在巴山驛左

進士坊為邑人王儉建

步蟾坊為邑人譚憲建

都憲坊為邑人王儉建

司諫坊為邑人給事中譚思敬建

春坊坊為邑人楊遇春建

雲桂森香坊爲邑人湯相建

繼萊坊邑人爲知縣甗杲建

楚西第一封坊在縣治前知縣葉禎建 以上諸坊俱廢

泮宫坊在櫺星門前後易以芹宫燬廢萬歷三十二年知縣張尚儒重建

津梁

邑前大江有上渡口中渡口西北有東瀼渡西瀼渡東北有牛口渡皆民間舟航自為利涉橋梁或木或石條建以時有普庵橋在邑左監生譚祿建以石觀音橋二一邑左黃朮林建一江北李上洪建俱以石知縣許周重修無源洞橋在邑東三里邑人向友仙建向時重建以石惠民橋在巴山驛之石知縣許周委耆民陳文彩重建萬歷三十三年張尚儒委陳欽重修架木為之屋三閒壽寧橋在寺前僧圓勤建以石見龍橋在江北東二里許邑人李文智建先名曰新橋又名曰龍升曰永濟歲久圯頹萬歷三十二年張尚儒委居民重修架木為之覆屋三閒易今名飛鳳橋在江北興縣對岸知縣王魯修之改曰永安橋于萬曆年間知縣李繼棟委民劉承思重修去三十一年張尚儒委義民向廷科向桂枝重建架木為之覆屋五閒復易今名思陽橋去邑治八十里耆民譚彥傑等募建

戶口

唐天寶間巴東郡戶至四千六百四十五口至二萬三千四百一十七而後俱不可考迨我明興成化八年戶一千二百零七口九千四百九十三正德七年戶一千二百二十三口八千六百一十二嘉靖元年戶一千二百六十三口八千六百四十三嘉靖工十年戶一千二百五十三口八千八百六十三嘉靖二十年戶一千二百五十二口八千八百三十三嘉靖三十年數如前嘉靖四十年戶一千二百三十三口八千八百八十三隆慶六年萬曆十年數如前萬曆二十年戶一千二百六

十九口九千零三十三萬曆三十年户一千五百五十三内民户七百二十九軍户一百六十五雜役户六百五十六寄庄户三口一萬三千三百二十八内男子九千六百九十六丁成丁六千五百七十五不成丁三千一百三十婦女三千六百三十三口

田賦

國初定制計畝均賦分甲非不犂然具備而巴居萬山之中田地原無弓口所謂畝數税粮相沿指地認納從來久遠洪永尚矣莫可稽查其載在舊志者成化八年田地山七百一十六頃七十八畝夏税小麥六百五十三石三斗九升六合秋粮米二千二百一十九石四升一合正德七年七百一十九頃六畝八分六厘五毫小麥六百五十三石三斗六升六合五勺八抄米二千二百一十九石四升一合嘉靖元年七百一十九頃一十四畝二分一厘小麥六百五十三石三斗六升六合秋米二千二百二十三石

四斗三升一合嘉靖十年七百一十九頃四十四畝二分小麥六百五十三石三斗四升三合米二千二百二十一石四斗一升九合嘉靖二十年至二十九年七百二十頃四十四畝九分六厘五毫小麥六百五十三石三斗四升五合一勺外耗幫脚麥隨遞年派单倉口派定的數徵納米二千二百二十一石五斗九升六合二勺九抄三撮耗同前其銀差除孤老布花難定外計銀六百四十七兩九錢内遼府并各王府審理典膳等官柴薪共一十四名每名銀一十一兩布政司表夫銀一兩五錢本縣油燭銀七兩本縣門子知縣三名主簿典史各一名每名銀三兩六錢柴薪知縣四名主簿二名典史一名每名銀一十二兩馬夫

各十名（每名銀四兩）邑厲壇三祭（每祭銀六兩）山川壇二祭（每祭銀七兩）社稷壇二祭（每祭銀五兩）萊國公二祭（每祭銀二兩）施南宣撫司經歷柴薪一名（銀一十二兩）分司門子二名（每名銀一兩八錢）山川社稷厲壇門子一名（銀一兩二錢）儒學門子二名（每名銀二兩）齋夫六名（每名銀一十二兩）膳夫四名（每名銀十兩）啟聖祠二祭（每祭銀四兩）鄉飲二次（每次銀四兩）文廟二祭（每祭銀二十兩）明倫堂門子一名（銀一兩二錢）歲貢盤纏（每年帶編銀一十五兩）施州儒學齋夫一名半（銀一十八兩）其力差計銀六百六十八兩八錢內顯靈守備太監府皂隸一名（銀六兩）本府禁子二名（每名銀六兩）常積倉斗級二名（每名銀三兩）本縣皂隸（直堂二十名主簿四名典史二名每名銀二兩四錢）庫子一名（銀二兩四錢）禁

子五名（每名銀四兩）巴山驛支應庫子七名（每名銀十二兩）一鋪陳庫子一名（銀三兩）館夫二名（每名銀四兩）萬流馹支應庫子七名（每名銀一十一兩）鋪陳庫子一名（銀三兩）館夫二名（每名銀四兩）預備倉老一名（銀四兩）各倉斗級六名（每名銀三兩）連天石柱二巡司弓兵各三十二名南邏弓兵八名牛口弓兵一十八名（每名銀三兩）各鋪司兵一十八名（每名銀二兩）京解二名（衣糧銀三十兩）儒學祭器庫子一名斗級二名（每名銀四兩）嘉靖三十年至四十年七百二十頃四十畝九分六厘五毫小麥六百五十三石三斗四升五合一勺米二千二百二十一石五斗九升六合九勺九抄三撮其均徭銀力二差較前大槩相同惟增議替

公安縣代編晋守司斷事柴薪一名銀十二兩閏加一兩
代編公安縣廠夫四名每名銀一兩併將原編萬流驛支
應館庫改併巴山驛中馬一十四匹每匹銀二十二兩與
前異耳總之嘉靖以前額派麥米或本色或折色里甲十
年一輪均徭間年一編較人户貧富為差重輕隆萬以來
雖屢蒙申飭丈量之法廢格未行止以浮粮故事加攤而
虚存魚鱗户口之册萬曆十一行奉行一條編法各項差
徭丁粮兼派均攤惟後四里不願條編親當里甲迨萬曆
二十年猶然襲故攢造無大增改槩縣田地有四曰官田
曰上麥地曰中粟地曰農桑地額内之徵十有二曰夏麥

曰秋粮曰絲絹曰丁糧額派曰戶口庫鈔曰驛傳曰民壯曰均徭曰里甲曰公費曰供應曰備用而其中支用有二曰起運曰撥運曰存留額外之徵有四曰雜項課鈔曰魚課曰土產稅曰班匠其官民田地共七百六十八頃九十三畝四分四厘三毫五絲八忽五微該夏麥六百五十三石三斗四升五合一勺秋粮米二千二百二十一石五斗九升六合三勺九抄三撮桑系一十五兩七錢九分織絹二丈三尺六寸八分五厘內官田九十三畝五分一厘八毫一系三勿五微每畝科秋粮官米一斗六升該米一十四石九斗六升二合九勺中粟地四百四十一頃三十二畝六分六厘九毫八系六勿每畝科秋粮五升該米二千三百零六石六斗三升三合四勺九抄三撮近奉例清文不分官巴一俸編差上麥地三

百二十六頃六十　分五厘五毫六系每畝科秋稅小麥二升該麥六　十三石二斗四升五合一勺舊志載農系地三十八畝七分五厘今奉全書未載其地宜在前地數之內栽桑一千五百五十株科系如前數

夏稅原編絹價正摃銀五錢五分二厘五毫七系一忽五麼

秋粮內派小麥抵米折銀二百七十一兩三錢三分八厘四系

麥粮內派俱無增減例不優免

內起運南京農桑絹顉絹二丈三尺六寸八分五厘每丈正銀一錢八分三厘三毫摃銀五分正摃共銀五錢五分二厘五毫七系一勿五壓徵銀給解戶買紹如頞數解府附部運南粮官併解

撥運歸州倉小米抵米四百五十三石三斗四升五合一勻每石折銀四錢該銀一百八十一兩三錢三分八厘四系解歸州

存留木縣倉小麥抵米一百石每石折銀四錢該銀四十兩

本縣學倉下麥抵米一百石每石折銀五錢該銀五十兩

秋糧原編折色銀一千零八兩一分一厘五毫五忽六微

今新加解官盤費銀二兩三分六厘二毫原少算八總銀二毫共加銀二兩三分六厘四毫實徵銀一千一十兩四分七厘九毫五系六微例不優免内起運則有京庫米一米十四石九斗六升二合九勺每石折銀三錢五分該銀三兩七錢四分七毫二系五忽每兩新議京損銀三分滴珠銀一分該銀一錢四分九厘六毫二系九忽新議解官盤費每兩九厘該銀三分五厘例該解司搭解今解府轉解撥運則有楚府親王祿米米九十六石二斗四升七合七勺每石折銀七錢六分三厘該銀七十三兩五錢一分三厘二毫九系五忽一微將軍祿米米二石九十七石六斗七升三合五勺每石折銀五錢該銀一百四十八兩八錢三分　毫五系二項新議解官盤費每兩九厘該銀二兩一厘二毫例該解司今解府轉解遼府親王祿米一百一十七石七斗二升四合八勺每石折銀七錢該銀八十二兩四錢七厘三毫六系將軍祿米二百七十石二斗九升一合一勺每石折銀五錢該銀一百三十五兩

一錢四分五厘五毫五系以上二項例該解府近應支解不便本縣知縣羅萬里申詳議將江陵監利松滋三縣協濟本縣巴山驛損夫工食銀內除二百一十七兩五錢五分二厘九毫一系抵兑前祿訖

歸州倉

米八百六十石每石折銀三錢該銀二百五十八兩連前項小麥抵米銀共四百三十九兩三錢三分八厘四系例解歸州今給本州撥守本縣楊柳荒堡官軍糧銀八十一兩其餘本州長寧所官軍赴縣領兑

遠安縣倉

米一百九十九石七斗九升一合八勺每石折銀五錢該銀九十九兩八錢九分五厘九毫例解遠安縣今給遠安縣撥守本縣紅砂堡官軍糧銀七十一兩二錢九分五厘五毫其餘遠安縣南襄堡官軍赴縣領兑

存留則有

本縣倉

米一百四十五石六斗四合五勺九抄三撮內奉文撥補本縣學倉米二十石外實徵米一百二十五石六斗四合五勺九抄三撮每石折銀五錢該銀六十二兩八錢二厘二毫九系六忽五微

本縣學倉

米二百九十一石二斗又奉文于縣倉撥補米二十石共米二百三十九石二斗每石折銀六錢該銀一百四十三兩五錢二分

總計前項麥米除起運撥運外其存留本縣倉者

除撥補折銀一百二兩八錢二釐二毫九系六忽五微歲支俸米知縣一員米二十七石每石折銀七錢共一十八兩九錢主簿典史巡檢共四員各米二十四石驛丞一員米一十四石四斗俱每石折銀五錢共銀五十五兩二錢司吏三名各三石六斗厲祭米九斗俱每石折銀三錢五分共銀四兩九分五釐孤老四名各米三石六斗每石折銀五錢共銀七兩二錢通共實支銀八十五兩三錢九分五釐外剩銀一十七兩四錢七釐一毫九系六忽五微俱聽遇閏災兌及新議因在右獄名數請詳支給者也其存留本縣學倉者連撥補折銀一百九十三兩五錢二分歲支俸米教諭一員訓導一員各米三十六石廩生二十名每米一十二石俱每石折銀六錢共銀一百八十七兩二錢吏一名併香燭米各三石六斗每石折銀二錢五分共銀二兩五錢二分通共實支銀一百八十九兩七錢二分外剩銀三兩八錢俱收貯庫聽遇閏

湊支者也下粮額派原編正損銀一百九十二兩六錢八分零四毫九系一忽五微後議加增路府茶價潞府門攤并京損及解官盤費淺船水脚等銀減去藥味損銀一錢八分四厘七毫四系零五微實徵銀二百四十一兩五錢五分七厘九毫三系七忽例不優免丁三糧七兼派内起運則有北京藥味正損銀一兩九錢七分九厘三毫六系二忽五微每兩新議京損銀四分該銀七分九厘一毫七系四忽五微新議解官盤費每兩九厘該銀一分八厘五毫虞衡司料該銀六十四兩一錢二分八厘每兩新議京損銀九厘該銀五錢七分八厘零五系二忽新議解官盤費每兩九厘該銀五錢八分三厘三毫坐派光祿寺甲丁庫供應該銀九十兩每兩新議京損二分該銀一兩八錢新議解官盤費每兩九厘該銀八錢二分六厘二毫潞府茶價該銀四兩新議解官盤費每兩九厘該銀

三分六厘路府門攤該銀三十九兩零九分二厘三系四忽新議損銀七錢八分二厘加添銀六錢五分五厘共銀四十兩零五錢二分九厘零三系四忽撥運則有曆日該銀二兩八錢九分八厘五毫軍器該銀一十二兩七錢一分五厘七毫一絲四忽科舉該銀八兩八錢一分四厘以上三項新議官盤費每兩九厘該銀二錢一分九厘九毫淺船該銀一十一兩七錢八分一厘新議加運木盤費每兩四分該銀四錢七分一厘二毫戶口食鹽庫鈔銀共一百零四兩三錢二分九厘零四系一忽五微九塵二纖五渺例不優免人下內派內起運南京戶口鈔本折正損共銀四十一兩九錢九分四毫五系九忽六微零五纖七渺以二年半一閏每年帶徵閏銀一兩二錢九分九厘六毫八絲一忽九微八塵六纖八渺新議解官盤費每兩九厘該銀三錢七分七厘九毫解司搭解存留本府戶口鈔正損共銀六十兩五錢六分一厘原載全書成編續於萬曆二十八年內奉文復額驛傳原編銀三百零五兩奉文代

編監利縣原編鳳棲驛水夫銀八兩五錢三分減損夫三
十名銀一百八十三兩實徵銀一百三十兩零五錢三分
除優免外稅糧兼派內存留巴山驛損夫七十名每名銀
六兩外
帶徵閏銀一錢內本縣原止編二十名該銀一百二十二
兩其餘五十名原派江陵松滋監利三縣協濟共銀該三
百零五兩近知縣羅萬里申請將前項協濟銀兩抵兌遼
祿標兵其損夫工食本縣即將原派遼祿標兵之銀支給
各
役
代編鳳棲驛站船水夫一名該銀六兩外帶徵閏銀一
錢又零銀二兩三錢九分
一毫零八系外帶閏銀三分九厘八
毫二系共銀八兩五錢三分總領
民壯原編五十五名
銀四百零二兩六錢今無增減除優免外丁三糧七兼派
內有撥運標兵一十名每名銀七兩二錢帶閏銀一錢二
分共銀七十二兩三錢解 然頒
鄖因後里拖欠難完知縣羅萬里申將江陵松滋監利三
縣協濟本縣巴山驛損夫工食銀抵兌計其協濟工食在

本縣兑領存留應役四十五名每名銀七兩二錢帶閏銀一錢二分共銀三百二十九兩四錢內本府照磨二名徵銀解給本縣主簿二名巡捕典史三名并本縣走差三十八名但徵銀給領顧兑支者聽次裁手手內答應均徭原編除縣學文廟啟聖等祠祭銀并巴山驛支應銀共二百八十八兩于茶稅銀內支辦後議加柴薪齋夫閏銀六兩二錢唐崖長官司吏目柴薪一名銀一十二兩四錢孤老布花銀三錢渡夫銀之兩三分三厘四毫共加銀二十兩九錢三分三厘四毫減京解銀三十兩常積倉斗級銀五兩縣禁子一名銀九兩一錢五分看守門子銀一兩二錢二分徭編弓兵八名半銀三十四兩五錢七分二厘四毫府縣斗級原多派銀五錢共減銀八十兩

零四錢四分一厘四毫該編銀一千三百六十二兩二錢九分四厘今議加編文廟等祭祀銀八十八兩巴山驛支應銀六十兩減編鋪陳庫子一名銀六兩帶閏銀一錢實編徵銀一千四百零四兩二錢九分四厘除優免外丁三糧七兼派内撥運則有遠府長陽典膳柴薪一名（銀一十二兩帶閏銀四錢）廣元王廚役（銀一十兩無閏）湘府享祭（銀五兩八錢三分三厘）承大府守備大監府皂隸一名（銀一十二兩帶閏銀二錢）布政司表夫（銀一兩五錢）留守司斷事柴薪一名（銀一十二兩帶閏銀四錢）施南宣撫司經歷柴薪一名（銀一十二兩帶閏銀四錢）唐崖長官司吏目柴薪一名（銀一十二兩帶閏銀四錢）施州衛儒學齋夫一名半（每名銀一十二兩共銀一十八兩帶閏銀六錢）本

府照磨所馬夫一名銀四兩無閏

常積倉斗級銀一十兩應後公費詳見府總

巴山驛支應銀六十兩原議二百兩取允本縣茶稅後茶少商乏申將本府楊村洲棵一百兩支給仍縣編銀一百兩近萬歷三十一年知縣張尚儒申復取允油茶四十兩上編六十兩連前共足二百之數

館夫二名每名銀五兩閏銀八分三厘三毫共銀一十兩一錢六分六厘六毫

建平驛支應銀五十四兩無閏

存留則有本縣柴薪七名知縣四名主簿二名典史一名每名銀一十二兩共銀八十四兩帶閏銀二兩八錢

馬夫三十名知縣主簿典史各十名每名銀四兩共銀一百二十兩無閏

門子四名知縣二名主簿典史各一名每名銀五兩帶潤銀八分三厘三毫共銀二十兩三錢三分三厘三毫

皂隸一十八名知縣一十二名每名銀六兩閏銀一錢主簿四名典史二名每名銀五兩閏銀八分三厘三毫共銀一百零三兩七錢

禁子四名每名銀九兩帶閏銀一錢五分共銀三十六兩六錢備辦册具監簿收管紙張審銀旗牌解因盤纏造丹紙劄工食等項之用

庫子銀二十兩內應

役一名工食銀七兩二錢帶閏銀一錢二分餘銀一十二兩六錢八分抵你分堂油燭星紅筆墨印色茶果塡報循環查盤造册紙劄暗補虛折之用

預備倉斗級工食銀一十五兩內應役一名銀七兩二錢帶閏銀一錢二分餘銀九兩六錢八分祇作查盤造册紙劄賠補虛折之用

孤老四名口每名口歲給布花銀三錢共銀一兩二錢遇有開除扣存貯庫候新收支給以免加編

渡河修船銀二兩二年一修每年該銀一兩

儒學齋夫四名每名銀一十二兩共銀四十八兩帶閏銀一兩六錢

膳夫四名每名銀一十兩共銀四十兩無閏

文廟二祭共銀四十兩

啟聖祠二祭共銀七兩

名官鄉賢二祠各二祭共銀七兩

山川壇二祭共銀一十二兩

社稷壇二祭共銀十兩

邑厲壇三祭共銀一十二兩以上祭祀共銀八十八兩原取兌本縣茶稅後茶少商之萬歷二十九年申允改編

門子五名看守文廟明倫堂等處二名教官二名祭器庫子一名每名銀五兩帶閏銀八分三厘三毫共銀二十五兩四錢一分六厘六毫

鄉飲酒二次共銀一十三兩

歲貢

盤纏銀一十五兩以上等項俱徵銀入庫支給

看守門子二名江南分司一名江北公館各一名每名銀二兩四錢帶閏銀四分共銀四兩八錢八分

迎送皂隸二十五名每名銀五兩帶閏銀八分三厘三毫共銀一百二十七兩零八分三厘三毫

各巡司弓兵徭編七十八名長陽縣舊關堡四名歸州南邏關八名歸州牛口關八名本縣野三關二十八名本縣連天關三十名每名銀四兩閏銀六分六厘六毫共銀三百一十七兩一錢九分四厘八毫

各鋪司兵徭編一十八名縣前鋪四名牛口鋪三名西瀼鋪三名三岔鋪三名以上四鋪每名銀四兩帶閏銀六分六厘六毫路下鋪三名每名銀五兩閏銀八分三厘三毫通施州路茶店鋪二名每名銀四兩五錢閏銀七分四厘九毫共銀七十七兩二錢六分五厘五毫

渡夫二名每名銀三兩六錢閏銀六分共銀七兩三錢三分以上等項俱徵銀給領頭兌支者

聽其本府標兵衣械即于本項弓兵銀內抽扣弓兵七十八名每名抽扣軍餉八錢共銀六十二兩四錢解府給領衣必加派者也

里甲原絹

銀一千七百六十八兩九錢八分九厘後議加馬七匹銀一百四十二兩三錢二分一厘該編銀一千九百一十一兩三錢一分今除後四里親當夫馬四个月不編銀六百三十七兩一錢零六厘六毫實徵銀一千二百七十四兩二錢一分三厘四毫除優免外丁三糧七兼派内排夫一百五十名每名銀七兩二錢閏銀一錢二分共銀一千零九十八兩除後四里親支四個月不編銀三百六十六兩實編前里銀七百三十二兩内本縣應投六名走差一百四十四名脚馬四十匹每匹銀二十兩帶閏銀二錢二分三厘共銀八百一十三兩三錢二分除後里親支四個月不編銀二百七十一兩一錢零六厘六毫實編前里銀五百四十二兩六錢一分三厘四毫内巴山驛驛丞騎坐一匹走差三十九匹以上二項候徵銀給領願允支者聽

公費原額編銀一百五十二兩三錢四分八厘

後議減分司府館二處今用段紗圍裙銀五錢轎夫紅衣帽銀一兩八錢改歲貢作興銀一兩二錢五分于備用支新議減編修整鋪陳銀五兩六錢加添院司道公費供應銀二十兩四錢四分五厘八系二忽一微八塵二纖八渺例不優免丁三粮七無派內則朝賀習儀朔望行香紙燭銀六錢修理龍亭儀仗銀二兩本縣應朝盤費正佐官銀四十兩首領官二十五兩該吏一十一兩造册紙扎工食銀六兩共銀八十一兩三年一次每年該銀二十七兩分司府館二處合用物料段紗圍裙二副銀二兩公座褥二副銀六錢皮涼愧銀一錢六分硃盒筆架二副銀三錢牌毡三條銀一兩二錢竹物銀共四兩黃絹傘二把銀二兩青絹傘二把銀二兩四錢雨傘四把銀四錢通共銀一十三兩零六分二年一置每年該銀六兩五錢三分上司往來預備物料素轎二乘

銀三兩轎輗二副銀一錢三年一置每年該銀一兩零三分四厘
按察司紙劄銀八兩分巡
道供應銀一十四兩院司道公費供應銀二十兩零四錢四分五厘零八絲二忽一微
八釐三纖八渺內撫院銀十兩解武昌府七兩解司三兩
聽用按院銀五兩解武昌府三兩解司二兩聽用
清軍銀儲一道銀五兩四錢四分五厘八絲二忽一微八釐二纖八渺解司聽用係二十八年加派提學道
歲考科考生童合用試卷供應絡賞等項每年派銀二十兩臨期扣銀二
兩協濟江陵縣搭厰處餘扣算實用銀數造冊由學道印發本縣存照本府公費銀一十一
兩四錢會試舉人如遇新中每名給長夫銀二十四兩本年暫于備用銀內扣支次年照名扣編如有
甲第出仕者即照名減編以兑冒破歲貢生員正貢盤費除徭編外花紅旗扁酒席銀八兩其呈計作與
臨時於備內銀內支給正陪二名赴考腳力銀各二兩五錢共一十三兩二年一貢每年該銀六兩五錢新例縣學
十年過選每生給銀一兩臨期于剩銀內支給不必另派科舉生員大約以七名為率每名盤纏銀三兩

祀紅銀九錢酒席銀一錢共銀二十八兩三年一次每年該銀九兩三錢三分四釐本縣刷卷紙劄工食銀三兩三年一次每年該銀一兩門神桃符春牛芒神花鞭酒席開印封印牲醴香燭等項銀四兩本縣官員合用物料知縣段紗圍裙各二付青絹傘雨傘各二把油絹雨裙棕雨裙各一件硃盒筆架二付共銀五兩主簿典史青絹傘雨傘各一把土絹圍裙硃盒筆架各一付各銀一兩二錢通共銀七兩六錢俱一年一換迎送高提燈籠油燭銀七兩縣堂燈籠夫四名每名銀一兩八錢共銀七兩二錢縣學教官馬傘教官二員各銀五兩共銀十兩供應銀五十兩今無增減例不優免下三糧七兼派內以供應往來土司過客油燭柴炭廩給口粮小飯下程中火猩紅紙劄交際鄉官等項支用有餘搭入備用項下湊支者也備用銀六十六兩今無增減例不優

免丁三粮七兼派内修理文廟銀五兩并各衙門舖舍倉厫

本縣頭二門等項申請動支修理城垣銀五兩十縣季考銀一十兩

正官動用物料明轎銀二兩五錢暖轎連絹圓銀四兩五錢冬夏座褥銀二兩轎靴四付銀四錢執事一付銀一兩二錢新任支一次每年修整銀一兩錢匠戶譚黑子鄭文斌自辦親解

南京虞衡司交投至於攢造軍黃二册紙劄工食共銀八十七兩零五分九厘近議允于稅贖銀内四六兼支不許科派小民内民黃正册盤費銀三十九兩七錢二分零六毫復加解京册盤費銀二十兩以上二項共銀五十九兩七錢二分零六毫内該稅銀三十五兩八錢二分零六毫贖銀一十三兩八錢九分軍黃册盤費銀二十七兩三錢三分八厘四毫内該稅銀一十六兩四錢零三厘三毫贖銀一十兩九錢三分五厘一毫以上軍民册費萬歷二十九三十一三十二年知縣李維棟張尚儒申允給領綾紗紙價銀三十六兩三

錢六分二厘二毫一絲八忽三微三塵候部文到之年方派不必妄年帶徵者也

按縣里有前後粮有多寡差有重輕原額編共人　丁六千五百七十五丁今逃絕二千五百有零前四里每丁編銀七錢後四里每丁編銀一錢九分零新興里每丁編銀五錢四分又有半丁編銀二錢七分原額派共麥米二千八百碩零前四里九百碩遵依條編每年當差八個月每碩編銀二兩六錢二分零後四里一千九百碩不遵條編每年親當差四個月每碩編銀一兩零而新興里之糧無幾附于前里之內此規制之殊猶曰相沿久遠不可驟易

然而逃亡近半由編審之未確虛糧連負因畝數之未清蓋十年一造良法具備前里猶遵而行之後里從來不赴縣審編其闔縣田地原未經丈量無弓口可稽不過指地認粮易以增損兼併欺隱在在有之而後里為甚以致賦欠為累若縣治狼狽邑居蕭條不過形體之病耳余工縣治稍稍修葺之似有起色而病根終未拔去言之不勝扼腕但民因雜夷習染刁悍地復寥廓兼以險阻必欲履畝而稅逃戶而編非專精二年不能辦亦必當事者才望素著大日百矢不避勞怨而又寬以文法假以便宜庶乎可以有為此實難矣儻亦有賢良乘其會乎

兵防

巴東故無衛所軍屯以嚴防護其間深林箐洞頑民易倚為奸又當楚蜀諸土司接壤大江艘艦建瓴而下為荆楚扼吭拊背之計何可去兵洪武初邑西南五百里距施州容美宣撫司二十里許設連天關巡檢司巡檢官一員弓兵一百名（內永充五十五名）邑南五百里距椒山瑪瑙長官司二十里許設石柱關巡檢司巡檢官一員弓兵一百名（內永充三十五名）皆駐劄關隘防守諸夷出入為民保障嘉靖初知縣周鯉因新開巫山陸路裁減夫役各三十三名徵銀貯庫以充迎送夫馬應付之資續後連天關減二名石柱關減

四名而關勢漸弱矣邑北一百二十里當歸州興巴三界設有猫兒關後廢邑南二百里當建始縣界設有野廂關後亦廢嘉靖二十四年賊首譚將軍保土四大等據險嘯聚劫掠甚慘分巡道潘公知州王錫知縣許周設法剿捕申准于邑南八十里峻山深林當通本縣後里二關施建要路設立召化堡撥長寧所千户一員旗軍五十二名軍糧就支本縣額撥歸州倉米折銀八十一兩本縣民壯十名減近防守嘉靖四十年容美土人出没長巴二縣占田搶財擄人侵害後一都民鄧天益奏于邑西南五百里金谿口設立紅砂堡接遠安所千户一員旗軍五十三名防守軍糧就支本縣額撥遠安倉米折銀七十

一兩二錢零而本縣有民壯五十五名每名銀七兩二錢内撥本府標兵一十名照磨所二名徵銀解給其餘各里召募近立勇士名目取充千内有快手五十名原係後四里報充因地險遠應投不便止出辦工食後尋革去舊例巡捕官率民兵赴演武塲操練掌印官不時督操而已獨闕焉先是元末僞漢大義年間曾置巴東管軍官迨萬曆二十七年播酋倡亂楚蜀戒嚴諸上司建議千邑西二十里西瀼鎮委指揮一員千户百户官軍各有差操練屯聚播平旋撤蓋巴東為荆襄門户其防禦非常類如此

驛傳

巴東當楚蜀咽喉雲貴要道萬山重疊三峽險巇冠蓋絡繹輪蹄交錯艨艘如織　國初設巴山水驛在縣右一里許萬曆三十三年分巡道周公捐贖鍰增復監房二間原額站船十隻每隻水夫十名下等鋪陳一付內江陵縣額湊船三隻本縣丁糧編僉船七隻又傜編鋪陳庫子二名銀三兩支應庫子七名每名銀一十二兩館夫二名每名銀四兩川設萬流水驛在縣西沂江入峽九十里許其船隻人夫館庫等數與巴山驛同俱本縣編派但水夫本縣止編八十名耳嘉靖中因峽水險甚新開陸路官使多由陸行迎送派于本縣之民而計日工食仍

納二驛實為重役累苦知縣許周欲以萬流併入巴山作水馬驛申詳驛傳道副使張公分守道叅政姜公擬會改置未果其陸路由巴遞巫二百里而遥當王忠秦碧之變人馬苦死無算隆慶間貢生向朝恩力請知縣鄒光裕申准川湖諸上司始　題革萬流驛添設巴中驛而民困少甦矣具在真指疏中先是巴山驛額夫二百零六名馬三十六匹皆各縣協濟江陵縣夫三十六名監利縣夫九十名松滋縣夫六十名巴東本縣夫二十名石首縣馬九匹枝江縣馬四匹宜都縣馬五匹長陽遠安興山縣每年馬六匹至萬歷十七年全書裁夫一百二十八名差馬盡行裁革站

船裁存四隻每隻夫五名共該二十名又已裁去二十名係裁夫一百二十名之內止存八名連前夫共存七十八名耳每名銀六兩帶閏銀一錢內本縣編夫二十名該銀一百二十二兩江陵松滋監利三縣協濟夫五十名該銀三百零五兩萬曆二十三年知縣羅萬理申將前項協濟銀兩抵兑達祿標兵其犒夫工食本縣支給各役而站船水夫八名仍編監利縣協濟銀四十七兩六錢解府轉給本縣徭編排夫一百五十名除後里親支不編外每名銀四兩八錢內知縣應役六名實一百四十四名走遞脚馬四十匹除後里親支不編外每匹銀十三兩五錢零內驛官迎送騎馬

一匹寔三十九匹走遞共編銀一千二百七十四兩二錢一分三厘四毫召募應役自五月起年終止近因萬曆十五年間新開施州衛險站至河水驛交替三日文程而夫馬比舊數徧又減少故巴民不勝告苦三十年蒙巡撫都御史趙公可怌檄縣張尚儒議詳加增知府徐公時進議增天三十一名每名連閏銀六兩一錢該銀一百八十九兩一錢增馬五匹每匹三十兩閏銀五錢該銀一百五十二兩五錢申將枝江縣撥運歸州倉麥折改編銀併撤回協濟枝江所官軍屯糧銀二項俱係空餘倉口抵派前增夫馬之數恭經驛傳道周公應治轉白趙大中丞批允自

三十二年爲始協濟本驛與本縣所編夫馬一體應差其
本驛支應銀二百兩先取足本縣茶税後茶少税稀屢經
中攺内該本府楊林洲稞一百兩本縣編銀六十兩油茶
税銀四十兩給驛官支用其站船四隻水夫工食先於茶
税内派銀七十二兩自茶税不敷減編監利縣協濟之後
而船夫告困僉報爲擾萬曆三十一年張尚儒申議增夫
四名連前八名共夫一十二名于油茶税内取銀二十四
兩四錢連監利縣協濟銀四十七兩六錢共足原額七十
二兩之數募夫應役庶乎水陸交有所濟而巴民漸有息
肩之期惟後四里民不遵條編親當見役故本縣少編夫

馬銀六百三十七兩一錢零而四里每甲十年一輪每年正二三四月一甲應當一月自備土物来縣雇募夫馬訖無定數富庶者多為積猾愚弄費用不貲疲弊奸頑者負固不出累官設法支持或累别甲代為賠償即親臨上司不無稽留之苦蓋調停之策自昔難支矣至于代編夷陵州鳳棲驛站船水夫銀八兩五錢三分代編歸州建平驛支應銀五十四兩即本縣衝疲之極每年支給分毫曷可少馬自歸州守葉公承櫝查盤施州親見巴東之馬遞送河水坪驛三百里而遥兼險阻疲苦不堪條議將河水驛馬重撥數匹與巴東以均勞逸此至公年之論非當道𣪘

然乞行又孰與解倒懸之困乎巴民日夜引領圖之此其時矣

榷政

巴東故不産金貝銅鉛縑幣止前後八里瘠地多種茶鬻
于市賈人負之走西南路顊量多寡照引捐税以濟條編
之不足故舊全書載茶税銀三百六十兩以二百兩作巴
山驛支應八十兩作春秋大小祭祀七十兩作巴山驛站
船夫工食後因奸民以草攙茶商賈因不售致茶少税稀
申將本府楊林洲稞一百兩抵巴山驛支應其站船夫工
食減編銀四十七兩六錢坐派監利縣協濟仍定茶税銀
一百兩作支應八十八兩作祭祀後木土怠于力培茶益
少商益稀陳税監并税奪之而去本縣申將前項銀兩俱

入條編徵派民困日深尋监撤而本府猶額派本縣雜項
税銀一百二十五兩解帮沙市税稞萬曆三十一年知府
徐公時進憫縣疲苦蠲豁帮解檄知縣張尚儒申詳分守
道經布政司篩公三才覆議奉院批允止將茶與桐油量
足税數為本縣支用每年納銀六十四兩四錢將二十四
兩四錢濟復站船支價四十兩給巴山驛帮作支應於本
縣原編支應銀內減去四十兩以省民力至於食盐而今
浸為巴害矣盐不產于巴川盐不許入巴淮盐憚峽江險
遠新灘陡　不肯至巴而官民日用祭祀燕享盐又不可
卒少窮民往巫貿易肩挑擔負蓋亦有之獨無柰牛口巡

檢司弓兵之横也歸州設牛口巡檢司議察非常而私鹽之禁其大者舊關宅牛口州界之内距州六十里距縣二十里因州稽查不便改移本縣對江其盤獲鹽斤關自本縣申報故縣得以弾壓之而下為害萬曆初年蔣知縣申准本州守葛公遷復牛口其鹽斤徑報歸而巳無與縣江巡緝責在捕廳各守汛地庶幾不擾萬曆十五年後移本縣對江利洲耳目之遠不及覈藐縣轄外之權不能制故弓兵驕横益肆大江巨販為賣蜀而窮鄉僻塢三五成羣指稱搜鹽㥞莫甚焉若夫金銀銅礦巴素未之前聞止因舊志詳載縣北二十里青銅菌為青銅山至煩陳稅監欲

行聞採知縣張尚儒同委官夷陵州判官李自 治親履其
地驗勘並無青銅形跡轉奉
明旨乃免

惠政

豈儲倉舊在治東五十步許火奉例夏秋二糧俱折銀上庫倉厫未修

預備倉六間在治西二里許嘉靖二十四年火知縣許周葺之未縣例該每年積穀二百石備賑

常平倉四間在預偹之上萬曆二十五年直指趙公檄知縣李維楝建發銀一百兩買穀五百石積貯許民價買出陳易新不得短少三十一年直指應公朝卿發銀五十兩買穀二百五十石偹賑三十二年春饑隨賑民賴以活

義煮倉三間官廳一間在城隍廟左萬曆三十二年分巡道周公應中檄知縣張尚儒建倉銀五十五兩五錢買穀二百五十石零收貯專備凶歲煮粥以活窮餓

義倉在縣壽寧寺平陽壩火峰茶店舖等處萬曆二十一年知縣羅萬理奉文勸民義建輪積穀糧春散秋收輪流掌管

供田三十八畝三分六厘四毫一絲在平陽中壩萬曆三十三年分巡道周公應中發銀三十兩檄知縣張尚儒親勘承買歲可入稞十兩專為學諸生設也

惠民樂局例該建設官醫居住施藥餌以救民疾今闕

養濟院洪武初令天下置立以處孤貧殘疾無依者正德初知縣戚杲建於城隍廟西廢後建縣東觀音寺溪溝左畔廢基存

漏澤園在縣對江北岸飛鳳山下嘉靖初知縣王魯置地數畝以掩埋遺體萬曆間知縣羅萬理後廣其地于三昰坡并陳家沱

風俗

巴東地當楚蜀之交萬山嶙峋最為磽少農桑夷夏相半（見晏公類要）人多勁勇（巴郡志郡與楚接人多勁勇有將林）民漸歸淳士頗知學質直好義不事誇詐（俱見舊志）治臨大江舟楫如織上通川貴下達吳越四方之民雜居萃處當宣弘間法網疎濶貿販茶鹽而居民亦賴以貿易饒給用亦稍靡士誦說詩書能以科第自致青雲亦不之人而後漸衰微矣民見茶之得利私和惡草令商不售而散之他去市井如掃依山為田刀耕火種十日雨則滂十日不雨則旱即有銅茶柿漆之利每為客茲土者啖而供子錢直不足當物之半歲

祲粉蕨葛佐食即豐歲亦少蓄積信鬼尚巫多不由禮伐鼓以祭祀叫嘯以興哀前里近縣畏官長急公役少爭訟頗以衣冠文物相高後里多逋負椎髻侏語男女還雜小忿易訟亦易解解則匿不肯赴公遮勾攝經年不結但甘儉根慣勞若肉蔬之外無兼味麻縷布帛之外無兼系深山野處混沌未鑿多有老死未見官府者其他四時節序各有俗尚立春先一日結彩扮故事官俗春花旗鞭迎牛芒於東如鼓吹火作遊遠通衢遠近超市就觀以上牛紅白等色占水旱等災以勿芒帽鞋著謝占農事緩急官師禮生有飲春晏民間分食生蘿蔔謂之交春親朋會飲謂之春臺席元日是日男婦夙興各盛眼禮神少者先拜尊長鄉里親故交拜獨市中各避戶受名紙再於爆竹鐵銃日辟鬼親識相續互飲謂之年酒上元通市競燈各出巧製土友嬉遊達曜謂之走百

病獨之夫家絶跡打燈謎放大小花農家作麪窩十二閏加一大者正月以次而小記月分蒸少視水淺深有無以占某日之湃澇

開學以教子弟月半後

社後祖社賽會以示祈意

清明人人帶柳掉柳于門祭掃墳塋田家即于此時浸種

端午採艾縣門戶菖蒲泛酒或雄董調酒飲旦以搽稚子頭面口辟毒採百草備湯浴造角黍為餽刻龍舟競渡勝至吊屈原以為樂

中元祀祖先及坊社之神每在先一日祭

中秋值光霽賞月

重陽土夫携萸酒登高民閭蒸糕藐精交餽但用更浚酒以碎山嵐

冬至不餽節不祭先不私拜惟在官人朝賀謁廟每官司

臘月二十四日掃屋麈遠棄之交路夜其葉餅淨竈

除夕辦香紙灌燭存先換桃符掛門錢繪鬱壘寫春粘門壁器用俱於紙錢外則其榼內則致酒為具尊長壽謂之別歲內戚之長者分餽肉食于其里幼期心致而復即安謂文分年飯夜間老者團爐靜坐少者雄聚酣飲謂之中

歲

寺觀

壽寧寺在邑西一里許唐貞觀年間連冠公舊遊處有詩嘉靖間寺僧圓勤重建殿宇頗宏麗隆慶年間遷為學萬曆十五年復為寺殘燬大半寺僧道連竭力莽之納費三百餘金三十一年重建天王殿東偏有泉極甘凉龍昌寺在南瀼溪側龍昌洞西白泉寺在邑北三十里洪山寺在邑西北四十里平陽堤舊志在縣西一里廢天居寺在邑南一十里材佛寺在邑北五十里實安寺在邑西十五里地藏寺在邑西北五里北山寺在邑西南一里觀音寺一在邑東二里許一在邑江之右四十里宋建景泰間重修慈雲寺在邑南五十里楠木蘭僧圓功建崇福寺在邑西南六十里僧道達重募建古刹寺在邑南一百里召化居民田憲瑪建崇寧庵在

邑南八十里元建正德間重修右樹庵在邑西北一百四十里老木孔山腰嘉靖間燬于盜山路多虎萬曆間居民譚遜等重建知縣張尚儒優啟道維題名梅子庵在邑西北三十里梅子坡啞口舊有望梅亭廢萬曆三十二年居民范汝龍胡趙勤忠等募建知縣張尚儒題名捐俸置地以居守者有碑銘見藝文觀音堂在邑西四十里孔道之傍靖在近頹塔院在邑西南二里一名雲峰寺舊有塔廢三朝觀在邑南十里僊人觀在邑南二十里迎龍觀在邑東十里白鹿觀在邑西南一里廢咸龍觀在邑西北三十里八盤觀在

巴東縣志四卷

藝文志

誥敕

宋

贈故開府儀同三司太子太傅上柱國萊國公冠準

謚忠愍誥

夫狥義保躬賢哲罕兼其致原心觀行褒沮得伸其公惟節惠文舊章寔經世之明勸不有正議孰旌遺烈故開府儀同三司太子太傅上柱國萊國公冠準器質莊重風猷簡貴感會光聖綢繆上司明心若丹直道如矢

逮余主邑之日實乃秉鈞之秋圖惟協恭罔有二事遘
盜言之噂沓挾危法以中傷白璧易汚貝錦難辨再罹
遐謫遂及云亡終悲寒露之歸徒軫幽泉之痛間雖湔
伸澄雪追貫寵嘉而誄功揚名尚闕息禮沉謀秘畫淪
于疑論逝者莫懟朕甚閔之謚法有危身奉上曰忠佐
國遭憂曰愍合是休典慰其煢魂宣特賜謚曰忠愍

國朝

賜廣東廣州府番禺縣知縣譚子周致仕勑
朕惟聖人之孝受其所親繼志推恩朕所當務爾以
才器事朕

皇考太祖皇帝建文之際黜爾為民朕即位之初思
皇考所任之人召致錄用爾既來朝而筋力衰邁弗欲重
勞以事特賜冠帶宴賞仍舊職致政歸榮鄉里遂其
優游撫爾子孫勸鄉民子弟為善爾其欽哉故勅
永樂二年四月二十七日

廣運之寶

賦

巴山賦有引

歷險升高，則于日爲近，故尤不宜于暑月，遇雨其險倍之。荆州城臼沙以西，如蛇例蜕，鬼見愁，鑽天鋪，竹坪坡，峽溝，九灣之屬，俱絶險也。萬曆丙午夏，有事於巴東，間關一輿，如運桔槔，然赤日如焚，已而山雲四蒸，風雨暴至，若有不堪其苦者，因憶嶢嶢之詩，而推廣焉，作巴山賦。

曰：維祝融之攬轡兮，誓朱烏以戒途。履炎荒之正位兮，而余於是乎東來。歷九折之曲坂兮，俯萬仞之縣崖。豫躑躅顧縮不敢前兮，更顛風之告哀。豐隆爆景火馳而電激兮吼滂沱之溶雷馬詭斲而踶蹶兮足蹣跚而不待靡旌捲旆兮鉦鼓瘖以無聲將遂岫之巍巍兮勢崔嵬而莫登或僵仆而從倚兮又疇為之馮陵師獮猱而貫臂兮弔鼅鼄於棘藿懸瀑泠泠兮側欹閣之長虹鯤鮞喁喁以上吸兮蛺蝶栩栩而窺慖噭流泉之決決兮遵林皐之閑閑子獨鬼夜號而旅愁叩天閽而捋虎陽内史風化好白烏來集何事以遨遊兮予亦何羅于百憂靈蛇戢霧而反走兮山郡庭棗令公娑娑人絕倒旋登宰輔致身早何如巴東棗獨奇兩幹交合稱連枝家茂官銜偪山麓離離朱實甘如飴生來不畏貴戚取落地莫令廉士吐苦個惟充藜藿腸

從前雙栢堪傳伍

連理棗圖

千載傳安期如瓜棗若飴今始驚巴棗不膠自連枝雲覆儼閬閬風過奏墳䖏歷年莫可紀几爲散木重自邇逢僊今滿懷春意滋丹砂注玉顔甘露傾瑤池桑麻供花蕚五袴還兩岐交驩盡境内對育獨在玆非必實如瓜不問植者誰但聞頌嘉楨宜足表天達我寫人縑素再傳千載奇應識此巴人望焉長療飢

過巴東登連理閣漫題　倪芳衢當塗人選貢

我聞德政麥兩岐未見祥鍾棗連理孿蟠雙幹曲相抱斐

斐離離傍巍嵧漫云海外大如瓜想得此種來三巴巴山
知棗不知瑞一朝博物逢張華河陽縣裏滿城花巴東城
中一株棗名花種就擅風流異棗天生徵橿棌以兹傑構
連理樓樓上煙霞四望收君侯愛客常招客況我登臨政
素秋西眺楚王宮南窺宋玉宅惆悵荒巖山為滕偉其區
宇原隰綺錯繚垣相望殷賑彌博桑柘油油稉稌莫莫巴
麓引以為環古峽東而若絡時嵬嵧而崒嵂或巏朗而寥
廓象耕為耘既康且麗唱棹轉轂永日靡既橫品類而同
壓納工賈而駢坐豊蔚茂八區而腌藹水陸並六合而交
會布梁輻輳而常然致遠流離與珂珧且其國風所稟玄

化所甄匪撥匪斲俎豆莘莘或脩容于禮圃或韞櫝于申
林幸彼蒼之不我薄復惠之以美人泉湯湯兮中郎暐曄
而儲精栢亭亭兮萊公含章而寓神幽思絢道德摛藻挨
天庭考八紘而為儁即于禩而檀名故土著者安其所而
服美而達游者亦微古而稟程迺則人耇其施天閟其靈
民惟令而有待瑞非德而不呈音有菑而必顯人非天而
不因天之牖民載錫我侯來宰茲土皎然虛舟雙鳧変爽
而至止于旄兮兮以用休恩投綸于楊鱊微撫柔于大丘
德寓天覆澤從雲遊化胡不留教胡不柔萬物吾賴飄馬
何求滛荆玉而莫喻其潤非清水而誰與為儔懷霜淬雪

抱素居貞跨遺俗擁孤襟絶雲氣朗日　心清談挹繁乎玉
露峻節擬承乎金莖軒乎威鳳之戢瓊條卓乎蒼虬之盤
玉津上舞下歌含德詠仁抑垂拱而司契自緣督而就型
于是乎百姓滌瑕蕩穢而鏡至清登春臺兮而湌玄英朕
朕攺攺象指罔匱飲于夫和宅乎醇粹餘粮栖畝而弗收
頌聲載道而洋溢仁洽禎符德連木理天帝運期而會昌
景福肹蠁而交集因觸物而寤靈踵比邦之奇偉想其神
木纂纂朱實離離始同植而異幹卒連絡而合岐豈赤心
之惟一併弱枝而上垂芳標灌叢蔚若鄧林查蔼翁鬱葼
蔚垂陰何疎本之駢丘隆一体而不雲擢脩幹含清濈素

花斐丹秀土培根于景陽之麓列提于房塘之濱洪底孳
莖隆枝茂葉霄露霳霨旭日晻晧珊瑚合岐木而玲瓏瑛
萹杭獨埜而縟繡若雙鳧之合頸而情怡抑孤鸞之窺鏡
而顏厚鷓鴣南翔而中流翡翠絳羽而駢茂何天巧之嵬
巉歷千載而未有岐峰之枝如朱之赤倚玉門而振條滿
蒼洲而常碧禹葉孟核如瓶如罂皆方斯而蔑如誰與速
枝而鱗接唯民之休我侯之烈古有京觀以示伐崇臺以
侑靈豈絕世而呈珍何不朽之弗營遐邇悅豫而子來工
徒擬議而角寧乃度方闕宇以求其聲匪壯匪麗以訓厥
成名儐僚冠蓋雲從臨萬丈之絕㝠跨壁立之穹窿集虎

觀之鉅儒儲石室之真宗稷二酉之秘窔發五蓋之遊蒙
群大雅飫玄同湛道德雕文龍恕心目之寥朗疏煩臆而
都空或其　毫授簡吐詞成終長嘯發而爽籟應秀句落
而山靈驚澆傀儡于筆扎付高情于天雲惟民物之共逼
又安知巴峽之與蓬瀛至若蘭肴既蒸桂酒且清坐群公
于暇日酌醽醁以遣情登東皋操南音儀陽阿咏韎任燕
散趙舞吳飲越吟木石潤色風雲暴興流百年之愷悌壯
一時之紛紀既而酒罷衆徹披襟散步遥日九野既殷以
扃烟火萬家魚鹽如諸狄熟春榮稼雲棄土七女連袂而
紛竽黄稗嬉遊而腹鼓且也感物以思深居安而慮危覩

農人之耘耔維歲計之盈虛察俗尚之良窳悟功令之依違亦所以省方隅而普化豈其快耳目而志規害馬既云目牛無全澤漸四封道給重玄清風萃飛閣而成響化日映連理而增妍惟緣實而得名永世而苦綿雖郇陽之迁樹即駢足而何侈焉此固侯之大有造于東也余亦赧然叨庇于二天既醉心而仰上敢稽首以颺言

記

寇忠愍公祠記

詩言志，非謂其必出於作者之手，而後見其志也。後之人有收於古詩一章一句而賦詠之，亦足以見焉。國朝太平興國中，寇萊公為巴東令，有「野水無人渡，孤舟盡日橫」之句，識者知其必大用。然世知誦公詩，而不知是詩本出於常應物。公取其七字，析而增之。應物雖能道是語，而官止於郡刺史，不見於設施，殆不過為詞人之詩而已。及公取而用之，則果能舟楫巨川，是豈後人因其已試之效而為是傅會之說耶？蓋公雅存濟世之心，與舟橫野渡之意合正猶鄭七子之徒取風人之章而賦之言發諸口而肺腑之隱洞然可見志之善惡身之吉凶禍福皆不能逃趙孟之所料也公為是邑時年方踰冠有愛在民世呼為冠巴東其後致身宰相踐其所言景德澶淵之功尤為儁偉方契丹入寇中外洶洶當時苟從建議之臣幸蜀江南則敵馬不止於飲河洛而三光五嶽之氣必分公獨毅然決親征之策鑾輿一動醜類自斃社稷安於泰山天下混一者二百年較其功烈與傳巖之人任舟楫之寄申興有商未可得而輕重然素剛有不與物浮沉脫節為奸邪所擠流落南荒以死天下至今哀之十朋頃過公安問枯竹再生

處有祠在焉因賦詩弔之過巴東舊治訪其祠則已廢矣惟秋風亭尚存則又賦詩有不似公安之歎縣尉王寧孫者永嘉人也因命其建祠塑像寧孫即亭祀之既成以其圖來有毛君恕者今是邑集公詩百餘篇并刻予詩以寄且詩記之予平生欣慕公之為人每歎靖康間復有如公者出則南北豈至於分裂耶公之事固予所樂書尚奚俟予再三之請然巴東古祠遺像廢而復興殘編斷藁散而復集江山增氣如公更生雖發端於予而卒成之者令與尉也皆不可以不書

乾道二年八月朔日左承議郎充敷文閣待制夔州軍務

提舉學事兼管内勸農事充夔州路兵馬都鈐轄兼本路安撫使王十朋記門生右文郎奉辟夔州路安撫使司幹辦公事王蒙書門生左修職郎充夔州路鈐轄司幹辦公事朱灝題

重建冠萊公祠堂記

廟祀之設其來尚矣見諸禮經則曰能禦大災則祀之能捍大患則祀之况有功德於民者寧不能祠以祀之乎巴東邑有舊令宋丞相冠萊公祠堂是乾道間縣尉王寧孫所建歲時致祭水旱疾疫有禱輒應久而燬於兵燹與公所治秋風白雲亭故址俱存距今邑治幾七八里許阻山

隔江非舟莫達民以祭禱為艱屢欲改建而工未就景泰甲戌春予通接部至邑時鄰境猛虎為害獨巴東無虞父老因相感歎進而請曰我公遺愛在人迨今三百餘歲猶能福衛是邦先時公遊壽寧禪寺僧嘗預設供具而迎迓公怪而問故僧曰寺崖有白鹿但公至必為之預鳴公試而驗之遂神其地境遷邑治於茲并構白鹿亭以為遊憩之所歲久亭燬欲因遺址改建公祠以便居人祀事敢以是請余書而應曰公何惠愛之深及民之遠若是予若等亦可謂知報本之所自矣建之夫豈不宜衆聞而喜躍樂而趨事不越月而祠訖工縣刁張琮洎僚屬復請為記以

志諸石夫以三光五嶽之氣全而孕鍾于公故生為名臣
没為神靈於以福國利民此理之常無足怪者間嘗閱公
本傳自初岐嶷年方十六以父陷番上書行在辭色激昂
舉止無畏太宗壯之命有司記姓名後一年第進士擢任
巴東縣令實太平興國中也比方抵任舟經叱難險幾覆
溺忽神自水中挽舟而行公詰之答曰我黄魔神也公異
日當大用故來擁護但裸體不敢出見公以錦袄投之神
即以袄蔽體出拜而去既而蒞政每期會賦役不出符牒
惟具鄉里姓名揭縣門民莫敢後者用是期年之間政化
大行邑中無事嘗手植雙栢于庭人先且嘗因號為萊公

栢公廉介剛方不矜細故每臨事必以大義決之詩嘗取野水無人渡孤舟盡日橫之句以寓興識者知其有濟川之才至真宗朝果拜為相致府清蕭邊患鎮安澶淵一盟敵人歎服中興賢相公為首稱後罹丁謂之謗竄謫海南道經公安公以竹插地仰天誓曰準若不負朝廷此竹當復生未幾謂亦尋有崖州之貶公以蒸羊迎諸境上戒家人心靡有他謂亦慚悔見諸言詞非有古人之風滄海之量疇克以臻十是公雖愛謗終不自明卒於南荒可哀也已其後李遵勗疏公平昔章奏仁宗上覽始見曲直復公爵位贈中書令謚萊國忠愍公詔葬洛陽過公安而向誓

之枯竹復生民亦泣弔為之立祠此非德動上天能如是
乎宜其汗簡流芳世享廟祀邦人崇重有隆無替况祠倚
學宫比舊有加尤為壯麗不可無還以紀歲月復為迎神
祠一闋以遺邦人俾歌以祀公其詞曰公神遊兮來帝所
颯英靈兮蘇下土雷鼓鳴兮雲旗揚公陟降兮在庭户酹
牢潔兮黍稷香庶歆事兮昭靈光讒謟滅兮悟君上謚增
加兮名愈彰詔歸葬兮自南荒誓竹生兮祟道傍興悲思
兮感涕滂愛庭栢兮如甘棠建祠祀兮依崇崗福吾民兮
壽無疆
景泰五年夏五月吉湖廣等處提刑按察司僉事沈慶撰

重修萊公祠記

巴東古名邑也寇萊公嘗為令至今遺澤猶存邑稱賢令者唯公一人而已庚午歲秋八月予以菲才亦叨茲任甫三日謁諸廟行香至萊公祠見棟宇傾頹神像毀剥爐烟斷絶而諸穢滿前心甚痛之竊自咎曰此固為令者之責也但蒞任之初適際軍情緊急廢墜多端使客無寄身之所軍粮無儲積之場姑急所先首建豊儲倉以貯軍粮復造巴山驛以延使客即命義官朱鸞重修茲祠闢行路儲材用凡棟洪椽桷之類陳朽損壞者皆易之以新厚瓦固壁塗以丹雘神像亦因舊而絢飾之仍置龕護紗以為浮

埃之隔輪奐輝煌幢定以壯觀瞻起敬仰而崇賢祀矣竊慮雖能新於一時恐難保於悠久又命構屋五間於祠之右召荆州道士黎復敬以主之使其晨鐘暮鼓焚香掃塵毋容污毀以瀆先哲既就緒邦人至此謁拜之餘懷仰遺澤罔不興感而追慕之則此祠之修可以敦風教淑人心固在所重而當先者若夫學宮號合之繕葺城隍廟宇之鼎新按察分司之重建坊牌箭樓之樹立雖曰同出於一時之措置經畫而未嘗科派於民然皆後此而為之者也嗚呼冠忠愍之在宏朝雄才碩德出為巴令開誠心布公道務廣恩信以德化人每期會賦役未嘗出符牒惟果鄉

里姓名揚縣門民莫敢後者迨入相真宗澶淵之策南北弭兵駿功厚澤不惟及於巴東而且及于天下不惟昭于一時而且昭于後世廟食崇報固其宜也奈何後人昧其所重見棟宇之頹而弗　聞德政之善而弗師豈非甘於自棄者耶今予繼公之政於五百年後徒仰高風不能企其萬一謹修厥祠以垂將來使為之民者知慕先德於不忘為之令者知繼後塵於不愧

正德六年歲次壬申秋八月吉旦知巴東縣事臨安戚梁書

重修廟學記

巴東爲楚西境止劇邑攝手秭歸巫黔險阨之間形勝聞
於天下其廟學建置歲久莫稽其詳邑志謂洪武初建正
統成化間重修繼因溪漲潰流野燹延爇迄今頹圮殆甚
文廟僅存環堵兩廡戟門頹遺礎碣春秋釋菜縛芊帷
席以從事生徒把茅緝藩而游息焉嘉靖甲辰秋麗水葉
侯楨來宰是邑首以作興學校爲務進培之暨生徒日典
之講業顧瞻廟學歎曰伊誰之責興培之曰凡人以修建
爲難者用財於官則上疑用力於下則民擾易於爲者或
不能終怯於力者或不能任侯曰是不難顧處之何如耳
於是召治民萬祥一輩數十人以大義論之咸樂捐貲若

干緡以助厥成乃庀林僝工仍故址而益拓其基首建文廟凡八楹翼以重簷增飭於舊次達兩廡各十二楹因地之崇卑為樓以穪從杞下為號舍以居生徒中為戟門六楹與兩廡稱外為櫺星門四楹又外為芹宮坊四楹金碧焜燿遠邇壯觀芹宮坊左為成德坊右為達材坊中為儒學坊門坊間近江隙地為書院樓五間扁以明道外樹之門扁以逝者如斯咸寓道體以示教也是役也經始于歲乙巳春仲之吉越數日適學諭余君允寬来自武寧相與賛襄而落成焉財不動于官而用自瞻力不藉於民而工日積惟行之以公感之以義以竣厥事耳今年夏侯有

梧州郡佐之擢邑弟子員譚生以漸偕諸生造曰侯之功
大矣不可不紀之石然知侯之功知功之始末者惟先生
為最敢以是請培之曰侯之功誠大矣匪石之能紀也惟
兹廟貌聿新宫墻宏麗凡申是路出入是門者裸將思欽
居安思靜惟侯之錫也爾多士涵樂育之化而申之以敬
靜之功德業所造將應運而興以鳴斯世以大建立仰承
我　聖朝建學右文之盛典則賢侯作興修建之功自當
銘于永永而爲奕于後矣巴山片石　足爲之重輕特志
其實以紀其工之歲月云可矣諸生唯唯遂書而刻之於
石

閬中楊培之撰

重建敬一亭啟聖祠記

仰惟我　聖天子建中興之治緝熙　聖學　聖製敬一箴五箴註繹推廣　聖孝崇啟聖祠所以遠承堯舜道統之傳超越百王垂憲萬世者也巴雖僻邑欽遵　德意與中惟郡邑同第以學宮基地險隘而規制未底於宏麗祠祀未安於棲正沿襲為常韶陽許侯以茂遥儁才來為之宰首以是務為急乃卜地於明倫堂左得高阜處重建敬一亭三間仍於亭前建啟聖祠三間又於亭祠對所飛鳳山巔增甃文峰以聚鳳氣以振人文役不擾於里民財惟

給於措置邑人士樂觀厥成欲紀之石侯固辭不可今年春侯以致政歸鄉士夫游君王顯馮君剎等庠生譚以漸譚守愚等耆民馮祿徐元等凡百數人相與磨其堅珉屬於培之謂侯治巴三載善政君多茲將行矣請因事属祠以紀其實何如培之曰人臣之事莫大於忠忠莫大承宣君澤以愛於民尤莫大于有所忠愛而不有其功也顧茲亭祠盛典寔為我皇上風教天下後世者侯能遵承之以淑斯邑斯民匪但遊庠校者有所觀感凡厥黎庶覩亭碑之崇曰是教民作敬也罔敢不敬觀祠祀之新曰是教民作孝也罔敢不孝敬者德之輿也孝者德之基也輿以載

之基以樹之忠愛之德可與之行可與之立矣夫是舉也有教存焉詩曰敬慎威儀維民之則又曰靡有不孝自求伊祜蓋魯侯修頖宫史克頌其事者兹風教所關重於修頖願歌是詩以爲之紀侯名周字希旦號龍山韶之曲江人其善政在民有口碑載兹不復二尹甘君大擢與有賛佐之力焉宜備書之是爲記

閬中楊培之撰

新建召化堡即楊柳堡

嘉靖丁未龍山沈子自滇首將之任山東續拜潵藩之命放舟南下泊於巴東邑宰許子周暨學諭凃子允寬率闔

邑士夫耆民數百人捧狀造田邑南九十里許崇山峻嶺
林木深茂為邑後都召化地西隣蜀建始南通石桂連天
二關遠安施容數土司外控諸夷内為巴邑之保障光是
楚蜀歲歉民多流徙於此土夷相搆子盜屠掠甚慘即邑
大震適今賢守默齋翁來首以弭捕為事授方任能甫浹
句獲其渠惡宥厥協從而群盜遂熄提聞諸臺省交檄嘉
獎撫臺暘谷葉公注日性質則明政務修舉捕獲多而繼
以賑恤恩威並行禁令嚴而才能幹濟軍民允服然猶慮
天險阻尚存而復有識焉者廼議因地建堡戍之以兵以
杜後患以為久安之圖方請於諸當道咸允其議量立命

自民之趨事者不啻子來爲上垣數千堆以捍其外爲懷遠樓樹之門以司啟閉爲公廨四楹廨舍廊房數十楹以居戍官爲營房百餘區以棲戍卒餘基地募民之願居者俾自爲廬舍外拓其山地若干頃分給四近之民任其墾闢以爲業甫越月而工竣於是民之徙者日歸耕者日衆遊於途者日繹不絕其遠邇郊𡈽藉其藩庇以安業者不可以枚舉咸欣忻然胥慶謂數百年來復有今日之安地耆艾扶擲頌聲滿道願得椽筆以載之銘情詞懇至龍山子乃諗於司訓楊子曰茲所謂默齋者非王歸州乎吾夔與許郡守名山德及新灘事役述王子平職之功甚偉而

善後之策尤長將何有於玆灘也夫功速於平賊可以觀
木策長於善後可以觀智歸州赤子其信得所歸乎又聞
王子代州人繫羌酋之頸而答其背固其餘事也區區數
草寇只牛刀割雞耳然則諸臺省之交檄嘉奬也固宜盍
碑之以告後之司收者

福建布政前給事中閬中沈繼美撰

連理閣記

天下之物號爲珍異佳祥者不嘗有于世世亦無從知之
故雖有嘉植奇卉每混于品彙儔伍之中必待積久而後
見巴東縣齋後即巴山之麓有棗二株相離三尺許株各

二幹中兩幹曲向而上合生為一余壬寅住是邑蒼頭見之而不知其異不以告余會大中丞趙公議遷是邑檄赴武昌往來籌度吏事旁午未嘗足履其下越癸卯夏蒼頭忽告以棗之故余視之果然問之邑縉紳先生父老子弟舉未之知問之邑博徐周兩君兩君愕然驚欣然喜曰是名連理物之最佳祥者何以生此余喟然嘆曰詩有之梧桐生矣于彼朝陽言佳木非勝地不産守土者見巴之民生凋耗水火頻仍不思所以修政修救瘁罷地脉往往議遷由今觀之棗之連理而生地效靈矣于是白之中丞公刺史徐公仍舊便報曰可而徐周兩君邑縉紳先生父老

子弟咸謀所以表其異　各捐俸輪木貿石鳩工建閣于棗之傍不踰月而閣遂成因以連理名焉先是有形家者言縣治學宮俱木巴山之脉負陽面陰當於縣齋之左肩學宮之右肩建一高閣始足接高山之雄壯縣學之勢故閣遂按方而建廣十有二尺深如之高十有六尺東面開牖南北為隙窓登是閣者右瞰巴山千尋聳峙左瞰飛鳳山萬烟蒼翠俯視江流浩淼風帆歷歷皆在睇盻之下而民生盛衰登耗之故居然睹矣觸目激衷隨俗雅化奉法循理與民休嘉當必百謀所以鎮撫巴民者斯一閣也豈徒壯形勝表佳祥已哉嗟夫巴固楚下邑宋寇萊公宰是

時蓋在江北岸也南宋從今治幾五六百年于此其棗之連理不知生于今之何時歷官茲土者不知經幾人已之人往來其下者不知千百數卒無一人知其異余任踰年始見之得徐周兩君而始知其祥不亦異之異耶向使萌之芽之而人即知之則朝視暮撫生理不固安所得今日之茂且孳也故珠藏玉韞物之珍異不易知也類若此不易知而卒未始不可知謂之祥也亦宜因記連理閣而漫及之萬曆癸卯季秋巴東俗吏張尚儒記　有

來江樓記

造物容移則陵遷谷變自非人謀克臧孰與補天地之所

不足維風氣於既獎之餘而貽厥永利也楚蜀之交邑曰巴東昔所著稱為東西瀼者邑治在江北岸遷於南自南宋始負山環江形勢頗勝邇歲山木盡伐驟雨激石墜填街路且熒惑屢驚文廟前阨閭井索而人文鬱議徙故區費鉅罔措邑侯張君博採輿論達之當事從堪輿家言近於事理而易見者首易治前之鼓樓高敞爽剴非復舊觀之卑隘者北郡司理王公以事至邑登顧心賞名之曰來江予聞之而繹其旨曰長江東注萬壑駛奔往而不返今胡為乎來哉江山之秀默相應對無所以來之則若途之人背馳而不相涉有所以來之方合賓主之交綢繆固結

而不忍捨去此皆聚散之恒情天地所不能違也自斯樓之傑然高出而山之矗立斬絶者若抑而與江為延納江之湍迅滔蕩者若駐而與山為婉嫕居處生息其間者蒸蒸然相飲以和而相受以虚風氣之剝者必復人文之鬱者必宣民生之瘁者必榮此又執既往以驗將來當有確然不爽者矧張侯治邑以敏恪運其慈和上下孚格而後順民情以徐議興建非以冥冥決事而僥倖於不可知之天也古之言治必曰勞來曰綏來曰近悦遠來要皆以得民之情為先務巴東之治能令子來者忘其勞商旅之往來者願出其途所為誠感神應亦既捷以深矣木生連理

地効其靈樓啟來江天昌其會萊公之雙栢孤亭昔為江
山生色今之瑞棗崇橋不將媲美前賢而流聲來禩者哉
獨愧予之不文無能望梅溪之後塵亦藉盛舉以幾不朽
而獲為之記爾土司理公諱三善永城人辛丑進之張侯
諱尚儒和州人與蕃壬辰同選貢為年友來索記者邑貢
生吳子貞也
萬曆三十三年歲次乙巳夏日之吉
賜進士及第翰林院修撰儒林郎記注
起居編纂章奏管理
制勑金陵朱之蕃撰并書

重修廟學泮宮坊記

巴庠自萬曆丁亥靈壁高侯改寺基而復故址殿廡堂廨悉如制一時勞心偉績迄今誦滿人口不衰第厥地負山阻江區屬一線諸所營置大都各相地宜而曲就之以故遷布濶於廟左雨甚則水石井下屋歲丁酉暑雨洶水碨石橫漫廟官門毀砌崩日就頹圮大中丞南平趙公以辛丑撫楚取道於巴欲為改還瀼之西不果明年壬寅歷陽張侯來案其邑首廟謁焉謁既則周視廟左之谿流未之直下而顧歎引於前適當櫺星之門中為相者所病且庠故無頫藉江為泮彼氓居蔽其前又重門水漬而漸湫名

宦鄉賢祠傾而合祀垣墉鞠為茂草而廟廡通往來侯用是慨然曰曷有於茲若陋若舛安在妥　先師之靈而興起人文也其務修葺以稱俎豆不可乎於是亟請之中丞公中丞公隨檄西確之謂余嘗計遷其次莫如葺喜哉茲舉其稗於巴人士殊厚侯唯唯旋上諸觀察會稽周公郡伯四明徐公州牧赤城葉公咸力勉其事發鏹酉差爰進博士弟子身共畫焉懸鍰致材諏日鳩工曲者遂之礙者撤之卑者崇之簡畧者增置之廢壞者整飭而更新之於是乎淤水順而淖以[illegible]於是乎衢道闢而類有表於是乎重門特進于舊基之三級而爽塏最於是乎宦賢鼎祠

于戟門之兩隅而祀典明於是乎垣無圮砌無敗覆無滲祭器無缺而宮墻煥蓋舉二十載之前所為遷建于高侯以彰其美者逮今二十載之後再覩增修於張侯以盛其傳矣工竣故事官師得託其事官師徐子因屬諸弟子員而勗之日記之云者詎徒紀其修葺之功要貴得其修之之意夫修序者令之職也序修則職修令无餘歉矣諸士用知修其在己者則作人之謂何荆故稱多村地而巳又密邇屈宋之鄉以故往哲輩出無論已即　本朝如譚給練王都憲楊春坊之數君者夫非表表于茲庠者乎而今竟寥寥豈盡地不利也其尚淬勵家修追跡先達彬濟

廟廊以丕振數十年淹閼之文運斯無負修者德意而余亦與有榮施哉諸弟子員稽首曰敢不勉蚤夜以仰從規諸以毋忝諸大夫之嘉命趙公諱可懷周公諱應中徐公諱時進葉公諱泳櫝高侯諱尚德張侯諱尚儒皆有功于巴庠者茲後也經始於甲辰之仲冬落成於乙巳之季夏重之者邑佐豐城甘君文斐山陰金君秉鄧而分督之者巴人向析向鈴向伊唐可言其子皆為邑諸生

萬曆乙巳秋仲巴東縣儒學教諭筑陽徐恬頓首拜撰

巴東新建文昌閣記

今宇內崇祀無多于東嶽文昌矣文昌天神屬也東岳地

神屬也神之格思幽深玄遠弗見弗聞亦曰如在上如在
左右耳有何耳目口鼻眡儀章聽管籥嘗牲醴承馨香而
俱肖人以為也既金碧其泥塗且衣冠其土木殷勤尸祝
奔走士民不幾你偏矣乎曰不然古祀典莫詳于虞類禋
望偏雖絕地天通之朝有不廢者安知東嶽文昌非其屬
耶自天文家稱戴筐六星為文昌而諸仙傳又謂帝君即
張仲孝友說化人間者凡幾世縱其說不可盡信然傳說
為列星披仙補奎宿在天星辰在地河嶽幽則為神明則
為人古之仙真賢聖遞相為化者多也而又何疑於帝君
哉據志紀神恢張龍漢洞演蒼湖洗日黃瀾補天漏海類

龍制百靈參元化酬酢皇帝王霸節宣雨露風霆故哉其
號一曰清河帝子一曰總領文獻一曰貢舉真君一曰汪
生廣儱至化書所載本忠孝篤言行廣施捨恤孤貧行方
便敬字紙戒屠殺寡嗜欲類之穡夫談木園人談蔬言言
實際非奇詭不經以震駭世俗者烏可以不信也烏可以
不信則烏可以無祀也巴東為蜀下藩而居楚上游邑治
建江以南山勢陡峻不可以城大江東去又順流而苦無
捍蔽邇年祝融為灾比屋難固兼之科第日罕罕多士益
不可解張侯隱焉若曰奠民居崇文教有民人者事也修
祭享理百神有社稷者事也誰司令而若是乃從形家言

於邑治下關特建文昌一閣鑄神像于中縞衣素烏青童白馬燦然備矣余以丙午奉差過此值邑侯來謁隨維舟與侯共登焉見桂籍突起天中夕照晴暉孳雲噴雪時時露出絲露真與飛鳳翥龍石羊白鹿並相雄長于江表亦達觀哉余乃對神而祝曰侯之意主于固民祈神百千萬種精靈俾永奠民居延百千萬世之統可也侯之意王于造士祈神七十二番變化俾克生王國多七十二子之賢可也然而不敢必也天文之解有田文者星所聚也昌者揚天紀也心為天君何人而無此君齋戒事帝何人而無此帝吾儕凡質俗習可告天對人者豈能一一如閔道人

司馬公之所為清夜夢回良心敕發諸前言往行差謬若
燭照然皆不可欺于心不可欺于神者覺則悟悟則悔悔
則改不必祝釐崇宮而能澡雪靈府不必粉飾見聞而能
防檢幽獨不必別求將來之善而能力懺既往之愆是謂
文自我聚昌自我揚帝自我宰君自我生神且冥贊之若
實行不修徒勤瀆祀即碧瓦朱欄日陳牲帛無補也惟
神訓士之篇有曰修身勵行者天必降之百祥及道敗德
者神亦奪其五福每正襟危坐三復化言如耳提面命心
精俱悚不敢自佚然則永言求福是在神哉是在人哉是
歲冬侯以入覲來即以記為請余辭不獲而書之以曉後

未令邑者識侯之美意重在士民故五重祀典且以為巴
人勸也侯令巴五載節愛廉明卓然之楚巴人口碑載之
矣余何言閼肇工甲辰年六月而竣事于乙巳年十月張
侯名尚儒字廣漢直隸和州籍祁門縣人
賜進士第承德郎刑部廣西清吏司主事蜀人敏所周仲
士湫二父頓首拜書

疏

建設巴中驛疏驛　雖屬巫事實關於巴東故猿之

巡按四川監察御史臣孫濟遠謹題為懇恩設驛以
蘇民困事據四川布政司經歷王奉本司劄付據臣批該
四川按察司驛傳道呈先蒙臣該分守川東道呈據夔州
府巫山縣并湖廣巴東縣申前事蒙批布按二司再議會
以報蒙此該本司左布政使羅瑤右布政馮成能會同按
察司按察使徐行驛傳道副使顧言查議得巫山巴東二
縣係楚蜀接壤地方蜀道自古稱難而水陸俱險誠莫甚
于兩縣之間自嘉靖年來新灘水勢壅逆以致公差員役

舍水陸而就夷陵之陸路者益多當此夷陵與歸州之民告疲而就中已設有白沙一驛以為協濟今巴東之民力較二州不敵十分之一衝要相同接替獨遠里甲困苦井邑蕭條過者徒為憐恤而又不容不資應付以濟長途其巫山夫馬亦緣遠道驅馳息肩無日暑雨祈寒動多捐斃是二縣之民困亦極矣止因事關二者彼此推延雖久有建驛小橋之議未免築舍道傍而畫餅望梅竟無濟于兩縣之饑渴也今據川東守巡驛傳該道節經備行該府勘議小橋公館查係兩省適中之地本處原有公館基址頗寬覘制亦稱不過外加衙舍一所其費無多且此驛既設

查議巫山縣附郭高唐驛節年應付循環文簿則每次卽可省顧大馬遞送一日之費計一年共該抽出銀三百四十八兩以為新驛庫館千食鋪陳傘轎廩糧中火等項之用又巫山已編申馬二十匹轎損夫八十名每年約共銀一千零八兩巴東已編中馬十匹轎損夫四十名每年約共銀五百零四兩新驛諸費似為敷用但議貴盡一則法令可行行必慮終則事體可永巴東邑小民窮衝要雖與巫山同而疲困十倍之今惟急圖設驛巴固有願幫之議恐日久相沿事關隔省一旦協濟一前未免復派巫山致累新驛文移徒具實用無資況巴東之衝專為蜀省而衝

且該縣送至小橋巴有一日之程其衝亦未全減似又未可以數小費而忘永圖矣及查重慶府屬每年額編驛傳銀除發各驛遞足用外尚有銀一千八百餘兩解貯司庫合無將坐編巫山縣中馬二十匹該銀四百三十兩議編巴東出幇夫馬銀五百零四兩免經二縣出辦俱在重慶府剩餘驛傳銀内扣九百三十六兩解發巫山縣貯庫抵充前項夫馬之用又巫山縣正編轎擡夫八十名該縣亦省顧募之擾約一日之費共省若干兩且每年又有協濟擡夫銀三百六十兩相應于内通融顧募應役其庫館工食鋪陳傘轎廪糧中火等項准于高唐驛省出銀數改支

至于修蓋驛官衙舍應用木植磚瓦聽於附近去處採辦合用錢糧亦于該縣公費銀兩動支其添設驛分呈乞會同題請　欽定驛名鑄印選設官吏該給俸糧就於巫山縣存留倉內支給隸四川夔州府巫山縣管轄庶兩省不致至推而一勞得以永逸矣等因緣由到臣按巡先為前事已經批行會議去後今據前因該臣會同巡撫四川右僉都御史曾省吾議照巫巴二縣乃楚蜀接壤上下交衝水陸並險先年水路稱便往來從舟者俱多是以民不苦困後因新灘石塞水勢汹湧一應往來公差員役志避險而就陸矣二縣以凋敝之地而當之以此且程途窵遠其

夫馬迎送之勞殆無寧日小民之困苦萬狀雖設驛之議屢年言之竟以事關兩省而終阻耳今據司道等官會議新驛錢糧總出蜀省取之剩餘既不必別行編派且公館改為驛亭亦無煩民力而事體更便也委應俯從以蘇二邑之困伏乞我

皇上勅下該部再加酌議上請

欽定驛名銓官鑄印令其前未任事吏役聽布政司撥用驛官俸糧于巫山縣庫內存留銀兩支給就隸該縣管轄其新驛夫馬共九百三十六兩每年于重慶府剩餘驛傳銀兩照數支解庫館工食鋪陳廩糧中火等項准于高唐驛省剩銀內改支又巫山縣止編轎槓夫八十名于所省遠費

并協濟夫銀内通融顧募驛官衙舍聽支該縣公費修葢
行接管巡按御史并撫臣遵照施行庶兩地之疲民得以
息肩而往來胥便矣緣係懇恩設驛以甦民困事理未敢
擅便為此具本專差承役齎捧謹題請
旨
萬曆元年二月　　　日具

説

衙説

余委銓歷乞署學　思冀多才切磋以横索葉竟得巴東則數也抵其境見任址闌闠崎砐凌架已咤曷是人間及躋遷學為故壽寧寺荒險轉甚又不似人聞寺有正旁小樓分左右為兩衙內外無蔽氣象陋褻猶然僧剎不可一朝居也遷僑于邑之分同閱屢月尋以公所故移僦朱生家儆市宅得并資其器什無可諆恢復舊學若干鈞在頁而莫自釋者由是院道允請學宮衙宇工并興而成以次急先務也余庇變葉官蔭其所居處雖非華廣亦未嘗撞

頭不得每暫止坐稍不整潔輙踡跼不安邑侯仰峯高公窺余意向戒諸工曰世家貴介哉斯衙須壯而完哉若之何而坡坂哉親潔厥基其甃砌材木規制悉以朱宅為式擇吉起竪而瓦覆之會侯以　覲行余以試行署邑者不得人學工所需之公帑金矢至錙銖無存貯而衙遂為道旁舍矣比余北還衙之牖壁半為剽竊亟環棘衙之歲月漸積落成無時櫻諸胥聽無停刻屬正官再缺署官亦缺無可告而雅又不在不獲已懇託于邑倅陳君蓋藉其鳩工而貲費則在余也余多方區措畫黜苟畧而胥尚堅緻豈避易趨難哉特為久遠計耳時遷秩報在邇議者覲咸

嗤余癡余聽之然其嗤癡而不自以為癡也余憶甫至時棲息靡所孑然隻身凡公用日用取給者一切皆無而有司恕若罔聞假之鄉士暨諸青衿又無應者真如窮人無所歸因唉信乎窮人故所遭之窮若是也余為窮懼衙成而几榻餙餝之類復瑣瑣剖俸不曾經紀其家亦知余寄人也匏繫幾何期遞相傳以為公物便來繼者不苦窮于甫至而已敢自以為功而誇示于後耶嗟夫事立而或仆者有之矣斯衙也自他庠視之未兑斁隘在巴庠不已為過乎司斯衙者盡思營創之艱一瓦飄動則正之一椽陳腐則更之不令其蠱而後幹焉庶幾始終相成而斯衙永

有賴矣爲無地所限即明倫堂爲衙之廳事從衆論且以正衙便也堂據白鹿洞之椒山屏江練遇于目禽嚶櫂歌得于耳檐楹高敞風景雜陳朝斯夕斯亦勝區也豈造物者助官况歟余援筆成説呼酒引滿而賞之曰斯衙固天運人從哉三轉之升自兹始然余力所逮者止此若開拓而增益之均後君子責也余何與焉萬曆庚寅仲冬吉旦黄蘄淡川居士胡卯謙識

二樗説

巴東縣治故無城郭負山面江僅僅一線之區官舍蕭條墻垣傾壞左去學宫惟閭以土垣耳余壬寅夏涖兹土公

餘宴生每見土垣間二樹挺生枝葉扶疎而止有若為余左蔽者越癸卯秋余因連理東面建閣于衙後兹樹寔當閣之北高與閣齊夏則綠陰茂密冬則天籟怒號朝晴夕日之間清輝疎影掩映窗扉於吾閣甚有當焉而問誰樹之咸謂之樗嗟乎嗟乎豳風七月之什曰采荼薪樗食我農夫惠子有道者也謂莊子曰吾有大樹人謂之樗其大本臃腫而不中繩墨其小枝卷曲而不中規矩立之涂匠者不顧而莊子論山中大木以不材終其天年使樹而非樗樗而非樹于縣學之間將夫於谷斤余市何有於樗耳樗亦何有於閣耶余性懶惰幼執經無所成名幸而以不

材痖兹上禽知余之非樗耶樗之非余耶余與樗有以異也無以異也賤亦直寄焉以爲此地垢厲也而又何有於閣耶然而以余視巴以己視閣以閣視樗亦不可謂之無當也於是作二樗説癸卯季秋張尚儒識

二鳥説

余任巴東之明年歲在癸卯因隶之連理搆閣于其傍時冬十月閣始告成環閣而樹者無慮數十株有鳥來巢于閣前之樹樹視在右獨卑者可舉而掇也余甚危焉適八計期廹叮嚀家僮善護之迨余北返問家僮以鳥狀曰是名爲鵲是善爲巢者也是能爲占喜者也是且卵且翼𪊲

之為音者也無幾何時鵲俱飛去而鸜鵒且代處此矣而卵而翼而飛猶之鵲也噫嘻茲二鳥何鳥哉而巢居若此先是邑之土燥民有焚如之嘆余稍督民修葺其祠宇屋椽而余閣以是成因棗之連理得名亦用形家者言培邑之風氣也而閣東向鳥巢亦東向不後期不高棲不倚左右而對峙于閣前鳥其有知耶鵲去而鸜鵒代處鳥其盡有知耶鳥巢成而邑之縣學且日新民居且日輪奐也鳥其先有知耶夫鵲以喜名而鸜鵒示以慧鳥名不誠然哉余不為二鳥異而竊異余之閣若有動乎鳥也鳥且動之而何慮于民也鳥有安巢民有寧宇而余又何負于茲閣

也于是沾沾焉漫爲之説明予與昔之賦一鳥者懸殊也

甲辰孟夏張尚儒識

銘

相公泉銘并叙

張尚儒

余讀古傳記竊聞楚常德府城北甘泉寺冠公準南遷經比晋題子東極後張栻榜曰萊公泉蜀夔府城西有溪冠公嘗遊而汲之以烹茗後人因名之曰相公溪溪上有橋亦曰相公橋則地以人重所從來矣矧巴東冠公治化之區而壽寧寺之泉尤數數嘉賞者乎迺因仍俗號弗稱厥靈于是巴人相率鑿石為池以潴之搆亭兩楹余額曰相公泉且為之銘曰

巴山崒嵂泉之自出源潔流長不涸不溢冠公曾飲而甘之迄數百年之後余猶得而名茲誠有味乎斯人斯泉也蓋濡沫巴人於千萬世而非貪與盜之可比也歟

梅子菴銘 并叙

張尚儒

巴東縣西二十五里爲梅子坡當楚蜀孔道陡峻險阻曲磴盤旋逶迤而止十里許村落鮮少虎狼縱橫間有不逞之徒潛肆標掠行者苦之余蒞茲土憂封疆之不修甲辰秋召土人范汝光胡璲靳忠等議之曰不有居者孰扞行者相率構菴于坡腰亮風埡口爲屋三楹翼以兩夏周以土垣閑以

門屋種以梅柳諸樹崇奉　大士像于其內蓋因俗牖民唯是清淨慈悲之說或可以消其慘姜薰而良善已而捐金置地數畝有民許國元亦以其傍地數畝捐助付守者戴春管領歲可入粟數鍾以供厥祀兼充米鹽薪木諸費以濟往來之渴飲者又督環菴附近居民互相防衛務俾居有寧處行有坦途而後即安亦此方之吉祥善事者載菴成頌曰梅子志地也神必陰護茲土爾父老子弟庶幾來堅善念毋忘神休毋墜今日創建之意以釐執事憂惟爾衆實圖利之于是為之銘曰

彼梅子坡道阻且長行旅戒嚴神明肅彰猛毒斂跡兇殘
孔良君子履之樂利無疆

贊

寇萊公贊　　宋温州王十朋

嗚呼萊公，相我真宗，契丹南牧，朝野洶洶，羣臣勸帝幸蜀江東，微公决策，天下其戎，百年無兵，繄誰之功。

說

新造巴江渡津紅舟說

巖邑之苦于無紅舟者有三難縣治在江南行臺在江北使節忽臨以小艇而為津梁緩急弗濟其難一蓋芋如彈丸巨船如組織遡流泛浪以葉舸而捷迸送巇險波心其難二巴之距荆岳千有餘里公事赴謁扁舟蕩漾目眩于秭歸之峻灘神摇于黄陵之飛濤其難三此三者在冬春猶可而在夏秋則長民者興嗟望洋情境最弗堪已光前抵巴受事之初食息弗遑逾年解繩就緒乃捐金買梓易篁造紅舟壹舳治之江濆以備利涉攸往之需可以免此

三難矣猶有慮者稽前全造舸多載之旋里即有留舟者滑胥乘去或鬻之下江則惟有將代時詳報

道府庶可永垂利賴乎或曰公孫僑以乘輿濟人僅謂之惠子得非昉鄭政歟余曰畱床畱犢吏稱為良以舊告新令尹許為忠余盡余心而已矣又何計趾美前人遂搦管有是説萬曆癸丑孟夏吉旦知巴東縣事劍閣李光前識

追踪先達彬濟 廟廊以丕振數十年淹閟之充運斯無負修者德意而余亦與有榮施哉諸弟子員稽首曰敢不勉蚤夜以仰從規誨以毋忝諸火夫之嘉命趙公諱可懷周公諱應中徐公諱時進欒公諱承價高侯諱尚德張

侯諱尚儒皆有功于巴庠者茲役也經始於甲辰之仲冬落成於乙巳之季夏董之者邑倅豊城甘君文斐山陰金君秉節而分督之者也巴人向析向鈐向伊唐可言其于皆爲邑諸生

萬曆乙巳秋仲巴東縣儒學教諭筑陽徐晧頓首拜譔

重修鼎建江神殿閣坊宇記

巴東楚西巖邑也當蜀門之衝岷江自瞿塘灩澦來者偏湍激于巴麓邑治不能城僅葢茅數百家而治對江之北有水府蕭公祠歲久垣頹偏露光前奉

命蒞茲歲在壬子適值軍民銮編二役又逢　計興屆期

偶過江謁祠睹廟貌傾圮愀然亟圖葺飭而匆遽未遑也
是年夏霪雨大水洪濤百丈巴之廛市禾畜漂没無一存
者突衝不可為邑矣　郡伯吳公暨　藩叅蔡公
藩伯侯公深恫民之饑溺開庾拯濟以為乳哺者令須晋
拊摩次第聞于　兩臺以免
覲請決句果得
允命而光前益可專心字央黎矣冬臘望後祝融弗戒煨
燼過半啼哭不忍聞者復蒙　臺司道府軫念瘡痍傾縣
倉票移秭歸廩載行賑救而露棲之民漸漸有起色已時
夕思維江沱之靈　英佑蕭公司握適合水府北鎮而邑

治後火星崇巒正得南方位向水火送災未必不關于此忝民社之司者安能漠然不加意耶爰捐俸資共募義商貲數拾金鳩工聚材葺前殿四楹妥江神叙後閣五間祀玄武週圍繚以磚垣臺階甃以石砌仍建雲漢之坊加丹艧之飾蓋取鎮陽侯熄回祿之意也余謂興廢之氣數即造化鬼神亦所不免不有廢也其何以興嘗聞巴之父老述蕭公在昔英顯異常今神明如在祠宇圮弛珍祲兩見豊天歆其電而以剎復維新侯之大手目今門垣殿桷煥然一新雖神功永錫哉緣起民昏墊援民塗炭當路拯溺亨屯之力大有符于英佑洗天浴日之功以故經營子來

不日告成而蕭公之顯赫于楚湘洞庭者將億載儼然在巴江上矣至若三峽之間漭澎浩渺牙艢錦艫藉亘靈以贔負依罔象而馮夷則又英佑餘事也夫復何贅是為記

萬曆癸丑孟秋穀旦巴東縣知縣蜀人李光前頓首拜撰

重修連天關巡檢司記

邑令光前睬事之半載捧　荆郡公移轉奉　守巡防三道檄曰連天關界在漢夷關廢夷証人民弗安曷以時葺省之粤考連天在縣後二都清江河之外施容土夷先年屢越境抄擄正德初土民鄧天益等具

奏行勘設關于隘口與紅砂堡成犄角之勢厥後歲久易

湮時平易玩漸移之金鷄內地而砂堡孤懸夷酋得獗矣
光前爰捐金移粲躬至其地相形勢劈草萊委署關南邏
巡檢程中達治材督工後都之民欣欣樂從以為設關遠
害也競將蓊木摘伐構巡檢司廳三間左右弓兵房共四
間門牌一間而土著居民覃大恭被劉酋之慘尤甚協力
建哨樓三間竪界表二植原設弓兵叁拾名與堡軍四十
三名首尾常山屹然成歸巴阨塞矣第治人與治法常相
須而巡兵與抱關難缺一嗣令是邑者其不時修葺加意
隄防庶可垂百年之保障以釋逃竄未必非前里之過也
躊躕再四合無自四十二年始于應當月朔議令通戶朋

認一月之夫馬工食以銀四貸二預給各後收領其差之煩簡隨到隨行一如前里之規不得兩來推躱倘後里富豪再執分足日期前里市棍再執零辟雇募即以三尺從事庶貧富適均夷漢調劑官使之經臨不致於稽悮矣此後里難行倫編之中而畧寄條編之意茲法之行貧夷樂就而富夷未必不妨其兼併也差徭稱便而市棍未必不妨其包攬也第非常之原黎民恩焉及臻厥成天下晏如也仰伏當道允詳斯可垂巴民百年之永利耳

畧

巴江水火迭灾紀畧

萬曆壬子夏霪雨不止會川水泛漲三峽之濤湧立起百尋衝巴市廬舍數百家其資金禾畜沿江漂渡難以計數士女胥棲露宿老幼悉為啼饑矣巴令季光前具詳以聞蒙當路檄下開倉穀四百碩賑之梵梵待哺之民少飽一菽兼剷茅築土治弁蛙丘墟如烏營巢稍稍就緒無何冬臘十七日復惟回祿自江濱至山麓烈焰歘空光前長跽呼天幸風勢返西救存芹宫邑治竝公廩行署詰朝大媿視衙居猥燼過半人畜傷損十餘野處枵腹號泣震地痛心酸鼻不忍聞者當日捐俸六十金履門散給權濟燃眉仍詳之　臺司道府悉為愀然痌瘝會議動歸州倉穀四

方頃載傾縣倉穀二百碩驗大災重輕分別救拯瘡痍一
旦更甦然災衝孑遺如屢破之巢難以繆牖火痼之病烏
能一旦復元氣也按巴東舊縣在江北東瀼迤西宋寇萊
公移治于此意便于控馭夷民　也久極而變陽侯祝融
崇互禩皆由長吏奉職無狀以貽民災敢委大行氣數第
諦觀廬市窄隘第街不盈六尺又形家謂治麓當江水衝
激飛砂走石安得不召水火二災耶以故江神祠之建玄
武閣之豎民有深意聞之　部臺趙公先年欲從知縣張
尚儒之請改治西瀼設縣後里以避災化夷竟寢閣難行
土木震動未易也則惟愛養休息勸民預築隄防漸次謀

磩磚螽或可有備免患耳數年之後巴民其有瘳乎

建樊征旅經巴畧

先是播事發難震驚西南半壁之天下少司馬佩上方劍控制蜀楚黔三落移檄各總戎調集健卒八路會征而嚴巴適入蜀孔道維時貔貅虎賁入蜀出楚者旌旗蔽野戈戟成林雖軍旅各有紀律而以三家之市走心足之蹄困甃十室九空矣厥後夜郎平而巴江殘民數年未起相語猶涕泣也迺來達昌猓夷弗靖乃當事者失馭養癬疥以成癰疽耳竟弗能殲仍借劉元戎之師以征劉師旅不滿數千而傳檄聲十萬無非欲梳番夷魄也巴民悉驚惶逃

竄余曰劉兵水路直需[illegible]數百陸路直需馬百外耳預為募備豈能殘虐而愚民之驚[illegible]以難過會守巡道暨木府移文安民旦中嚴禁諭以為建[illegible]魔與播州大冠不同而劉師一路與昔八路迥異且昔有[illegible]臺控楚而今且事權隔省劉兵止遡流入蜀足不得走險[illegible]楚夾甸之外劉兵舟舸教十號果由水未陸供應挽舟[illegible]數百而民帖然衽席焉巴令李光前曰巴民如傷弓之鳥[illegible]水火迭災之後畏兵同摧拉之勢劉兵之秋毫無犯緣檄[illegible]森嚴一見心折自約束而兵戢民安耳古有一言而退有[illegible]師一行而勝十部從事道府九鼎之力也仁人之言其利[illegible]哉

巴東雜詠

蠶叢國詩

川崖惟平其稼多黍旨酒嘉穀可以　養父野維阜丘役

稷多有嘉穀旨酒可以養毋

惟月孟春獺祭彼崖永言孝思享祀孔嘉彼黍既潔彼犧

惟澤蒸命良辰祖考來格

日月明明亦惟其名誰能長生不朽難獲

惟德實寶富貴何常我思古人令聞令望

古峽中行者歌

巴東三峽巫峽長猿鳴三聲淚沾裳巴東三峽猿聲悲鳴

至三聲聞者淚沾衣

晚次樂鄉縣　唐陳子昂

故鄉杳無際日暮且泒征川原迷舊國道路入邊城野戍荒烟斷深山古木平如何此時恨噭噭夜猿鳴

巴女詞　唐李白

巴水急如箭巴船去若飛十日三千里郎行幾歲歸

三峽　李白

巫山夾青天巴水流若茲巴水忽可盡青天無到時三朝上黄牛三暮行大遲三朝復三暮不覺鬢成絲

竹枝歌四首

山桃花紅滿上頭蜀江春水拍山流花紅易衰似郎意水流無限似儂愁
江山春来新雨晴瀼西春水縠紋生橋東橋西好楊柳人来人去唱歌行
巫峽蒼蒼烟雨時青猿啼在最高枝箇裡行人腸自斷由来不是此聲悲
瞿塘嘈嘈十二灘此中道路古来難長恨人心不如水等閑平地起波瀾

竹枝歌　二首

江陵市上賣珠花妾愛珠花插鬢斜郎若去時千萬買拚

與三斤麥顆茶

巴東船舫上巴西波面風生雨脚齊水蓼冷花紅簇簇江

蘺濕葉碧萋萋

竹枝歌　　　　　　　　　　　　　唐李頻

十二峰頭月欲低崆呤灘上子規啼孤舟一夜東歸去泣

向東風憶建溪十二峯巴上流崆嵢灘巴下流

竹枝歌二首　　　　　　　　　明高啟吏部侍郎

妾愛看花下渚宫郎思沽酒醉臨卭春衣未織機中錦只

是長絲那得縫

楓林樹樹有猸啼若個聽來不慘悽今夜郎舟宿何處巴

東不在定巴西

留别官吏

唐　劉禹錫

三年楚國巴城守一去楊州楊子津青嶂聯延喧驛步白頭俯傴到江濱巫山暮色常含雨峽水秋來不恐人惟有九歌詞數首就中留與賽蠻神

入峽次巴東

巫山暮足沾花雨楚水春多逆浪風兩户紅旗數聲鼓使君艓艓上巴東

巴民春宴

巫峽中心郡巴城四面風薰草鋪坐席藤枝注酒罇蠻歌

聲坎坎巴女舞蹲蹲

峽中嘗茶　唐鄭谷

簇簇新英摘露光小江園裡火煎嘗吳僧謾説鴉山好蜀叟休誇鳥觜香入坐半甌輕泛綠開緘數片淺含黄鹿門病客不歸去酒渴更知春味長

巴山夜雨　唐羅鄴 查

君問歸期未有期巴山夜雨漲秋池何當共剪西窗燭却話巴山夜雨時

庚辰歲將命至巴東時已秋序霜荷索然偶賦是章用遣幽懷　宋寇準

乘軺偶將命撫俗煙江湄地僻接窮峽務簡稀公期秋信任無趣野懷良自宜月白夜蟬響池暗風荷衰溪雲入破牖山菊開疎籬貫酒不能醉鄉園空結悲徘徊獨凝望目極長天涯

春日登樓懷歸　　寇準

高樓聊引望杳杳一川平野水無人渡孤舟盡日横荒村生斷靄深樹語流鶯舊業遥清渭沉思忽自驚

秋夕書懷

官路時風漸識情一悲前計遠愁生深秋寒氣侵燈影半夜踈林起雨聲縣令終年拘吏役烟簑何日避浮名窮通

林問巢蓮骨大柢無徒是至清

春曉書事　　　　　　　寇準

春盡江天景寂寥思鄉還共楚雲遥林花經雨香猶在提柳無風絮自飄水國獨漸臨縣邑烟郊争合負魚樵青梅時節遲歸計且逐餘芳殢酒瓢

歸舟晋别傳君　　　　　寇準

楊柳如絲拂盡橋此中晋語欲魂銷還愁别後巴東館獨聽空江半夜潮

縣齋春書十二韻

縣幽無俗事公退只高吟江到荆門濶山連蜀國深峽雲

長映日蠻雨易成霖群雀鳴春院飢猿叫夜岑庭荒多古木地僻見沙禽印鑠殘陽後人歸疊翠陰思鄉空索寞素分信浮沉樂静稀塵累甘閒負壯心衰容常懶櫛病髮豈勝簪寡欲慵求友防邪每自箴澆風終耻合前事固難諶望斷天涯外離魂欲不禁

秋夜懷歸　　　　　　　　冠準

渭水苔磯阻舊遊夢迴空館却凝愁一聲江曲巴雲暝半夜山風楚樹秋星落古池孤敷動燈摇疎壁冷光幽遲明不昧空搔首蹤跡何由得狎鷗

巴東驛秋日晩望　　　　　冠準

楚驛獨間望山村秋暮天數峯横夕照一笛起江船遺恨
須言命寘心漸學禪遲遲未回首深谷暗寒烟

巴東書事　寇準

鄉思終日有孤淡厭琴樽衆木侵山徑寒江逼縣門浪沉
灘見谷雨過壁生痕憔悴悲蘭蕙因思楚屈原

春書

年長追遊興漸凋汎萬巴峽景蕭蕭間齊為謝揚花到時
拂殘書慰寂寥

池上秋書

虛齊獨語復書空間對林塘思少同霜葉聲乾飄夕照露

荷香冷泣秋風時平偶作青衫吏心老渾如白髮翁昨夜
渭川歸好夢一船烟雨打孤蓬

巴東縣齋秋書　　冠準

訟庭終日靜琴鶴一長閒晚樹生凉吹秋思在遠山水穿
吟閣過苕達印床班幸有江雲首何思卜往還

巴東有感

長歲天涯悲斷梗逢君無處不傷情那堪日落紅樓伴更
聽蕭蕭杜宇聲

巴東寒食　　冠準

春雨蕭蕭寒食天遠行猶在楚江邊人思故國迷殘照烏

隅深花語斷烟薄宦未能酬壯節良辰空自感流年困循

未學陶潛與長是孤雲倍黯然

過巴東遇小雨　陸游

暫借清溪伴釣翁沙邊微雨濕孤蓬從今詩在巴東縣不

屬霸橋風雪中

宿巴江　唐釋栖蟾

江聲五十里瀉碧急於絲不覺日又夜爭教人少年一江

巫峽月兩岓拂歸天山影似相伴農遞到客船

宿巴山驛　明蹇義巴縣人少師

一宿巴山夜樵樓鼓亂撾承恩馳驛站守制服衰麻耿

耿心懷　國懸懸念在家明朝還出峽指中到中巴

巴山驛送客　楊璿　昆陵人右副都御史

相好真兄弟離情樽酒間一身兼百責萬水共千山匡濟

大臣事羞慚遊子顔明年春色晚還擬共追攀

題巴山驛一首　明夏塤　天台人右副都御史

路入巴東宿雨收萬山兩岸水奔流鷓鴣不管王程急相

唤相呼未肯休

行窮閩越與荆楊西入三巴路更長夾岸高懸千丈壁中

流故曲九迴腸斷岩激浪魚鷩躍絶頂排空鳥倦翔聖主

有恩民有望非關不解愛垂堂

門扇峽　明　林俊（蒲田人　都御史）

瀼西一舍許兩山勢迴合巨石狀城門鐵衣護周匝楚蜀相犬牙乾坤互闢闔當關一夫守萬馬不敢發雲龕入玲瓏元氣深吐納鳳搜群竅開水樹聲互答推篷暫此清巫山事雜沓

出峽言　林俊

買舟賦歸來巫峽不用試先驅開行雲相送峯十二來時峽水濁去時峽水清來時峽水高去時峽水平此峽繫行止進難而退易所遺兩文字巫峽相光氣行意放籠雀吠聲絶樊蠅殘年盡書卷日給米一升掃石留詩作小草紫

翠推中時生我無官不怕走市壓有酒時携就溪老煮白石燒濕雲耳俗事仍不聞騎氣踏風不可到辟穀亦頗知八分乾坤兩局忙烟浪一舟小過後聲名值幾錢短笛騎牛萬事了

峽水歌

俯視峽中水奔流何激洌西南多高山地氣從此泄水性素柔弱觸石生狂波末入東滄溟本出西崑峩彼客自驚畏此水自無為槎牙石上跳深遠潭中匯秋空湛明月春沙浸草青濁可以濯足清兮還濯纓石窟藏蝦龍泥洼囿魚鱉霜餘見底清風皺羅裙色我來倚輕舟酌酒歌船頭

萬古此一脉霄壤回沉浮欲問陽臺神不知終與始大塊一杯土何年蕩查滓

巴東感懷　　吳節 餘姚人荆州府通判

巴東不到幾經秋今日重來感舊遊景物休然人自换夕陽長送水東流萊公祠下埋青草萬户沱邊起白鷗落自西風亭尚在亂出黄葉暗荒坵

題巴山驛　　明 吳節

巴山古驛枕江頭門對青峰水遠流地控荆襄迎使節路通蜀楚泊官舟元猿夜嘯千山月碧樹朝涵萬壑秋為覓萊公形勝跡啣花白鹿尚來遊

宿巴東縣　　明　馬廷用 西充人 侍郎

縣古臨高岸荆南第一程雲從巖畔宿月何樹稍明迢遞思鄉夢安閑去國情明朝將出峽酹酒聽歡聲

赴巴東　　惠　棨 長洲人 本縣教諭

十載琴書寄越州一官重轉向巴丘時無吕誨彈安石世少常何薦馬周滚滚長江三峽水蕭蕭落木萬山秋長安陌上春光好還擬看花愜壯遊

舊縣　　明　惠　棨

人家仍在瀼西東兵火遷移舊縣空山鳥不知興廢事野花枝上語東風

無源洞　　仝前

洞號無源却有源，一溪流出自雲根。箇中别有居民在，猶勝龐公隱鹿門。

大沱石　　仝前

大沱有石浸江湄，滑潤堅貞硯最宜。不是當年神禹鑿，如何重見少陵詩。

巴東偶興　　明　鮑宣安　樂平人，長縣知縣

嵯峨山勢接青宣，民傍岩居那得平。林窬但聞多鳥韻，夜深唯聽亂猿聲。江從蜀水狂瀾湧，地接巫峰翠黛横。遥想古今多宦者，萊公此處獨晋名。

過巴東泊舟二宿漫興 五首　侯啓忠 長寧人浙江叅政

信宿巴東峽蕭蕭落水霜僧巢青石嶠猿嘯白雲鄉野渡
鳴蘭楫漁村暗葯房不知江水上煙景即滄浪
扁舟歸去路繫纜此江湄秋月清三峽氷壺貯兩儀行藏
俱世慮歌調亦風辭樂土農功罷盤飡先冠祠
雲屋凄錦樹漫閣接舟梯棲息風烟迥翺翔星漢低火痕
紆石峽木葉淨羅溪鄉國三千里巴山西更西
鼓祀浮天地須臾到十洲跏蹰仍旅食浩蕩及邊愁峽隘
無龍夜山深草木秋更堪戎馬日指點戍江流
盡舸荊州發應寧巴峽回鼓聲乘戰提烏鳥盡啼哀多病

勞知己平生愧乏才荷衣秋更冷江海濯塵埃

宿萬流驛

一棹萬流泊三年兩度來岸趨今日吏花放舊時梅世路當戎窘親容為老催不禁寒夜角換枕聽清哀

遊舊縣　周卿 廣安人本縣教諭

金井梧桐搖落秋秋風亭下駐鳴騶尋幽不盡常年思乘興能償此日遊巴峽烟花危石磴楚人蕭鼓趁溪流孤舟野水多情緒滌却塵煩縱遠眸

和遊舊縣　盛杲 臨安人本縣知縣

舊縣經今幾百秋偶因公暇暫停騶荒基有客開新蓁佳

節無人續勝遊雨過好山添秀色風生幽澗響清流夕陽
未盡登臨興何日重來豁壯眸

譚祿 邑人監生

雨歇凉生天霽秋紛紛冠蓋擁行騶一川野草添新色兩
岸啼鶯感舊遊芒屩踏穿尋古蹟殘碑讀羨（罷）名流秋風亭
下徘徊久不盡雲山快遠眸

覃鵬 邑人貢士

淅瀝金風報早秋不慚驅蹇附鳴騶花前醉飲舒高興亭
上留題紀勝遊冉冉行雲歸岫宿潺潺活水赴溪流傷心
多少興亡事指點江山一放眸

馮堯臣 邑人貢士

落人亭荒五百秋秋風猶自拂行騶感懷謾説思萸事偶俗能辭揮勝遊峭壁倚坐當面立清江映月抱村流人豪今古心相得景物隨時入壯眸

舟過巴東適故人盛啟東作宰有賢聲因與小憩

高公韶 內江人御史

一入巴東境河山照眼明秋風遺勝槩古相植高名世路兵戈滿江城詩禮并因君聊憩息襟抱有餘清

過巴東縣偶題 八首

姜思 廣安人湖廣參政

入山偶值巴天雨過峽還思楚水雲數突寒烟濱寂寞開

扉日日望南薰
古邑從來傍巴水漁樵都是負租丁山禽野獸相追逐雞
犬何時得夜寧
萬壑奔來自蜀川龍沱狗使至今傳忽然一夜巫山雨行
客從容且盡眠
閩粤昔年曾歷此楚藩今日又重過荆南素食無波瀾喜
有隨行春雨多
公安枯竹仍生笋新栢巴祠更茂枝莫道高風追不及古
人也是一男兒
天寶多艱入瀼夔草堂凄楚寔堪悲吟得好詩晋赤甲騷

人指點卽吾師

秋風亭上雨飛飛野草寒花暗落暉一呋清風吹綉幞江山如故昔人非

行盡山頭又復山巴東危險亦難攀人心未必皆如此當與同袍日往還

天橋山　　楊培之 閬中人本縣訓導

玉閣緊何許遥望高無極跬步登兹橋風雲在瞬息

紅葵山　　楊培之

地接崑崙遠雲蒸斗極間野花開有意向日寸心丹

晚宿巴東　　古邢金泉識

日暮烟雲鎖驛樓居民開户瞰江流一聲画角催更鼓萬點山燈散斗牛時感秋風常作客酒逢旅夜且傾甌無聊為問西行路人道前途是益州

巴東喜雨賡金泉老臺長韻　近麓山人

入午停車憇楚樓望中新水溢江流蹊雲先擁西川馬麥雨方耕南畝牛冠蓋去來嘶鳳認闗河人古奠金甌甘霖一路民沾否為采歌風到益州

巴東山閣次韻　汪宗棐主事

風蓬何意上岑樓滚滚巴江日夜流却咲管中窺半豹詎去目下忽全牛積新世態無勞問隨牒功名且進甌萬事

只今宜自力須知早晩到益州

黄克纘 晋工人 都御史

行盡巴渝一月程憑高又見峽江清當年神女歸何處異代騷人故有情節近授衣碪正急山逢落木鴈初驚白沙翠巘荆西道愁聽啼猿四五聲

夜宿巴東公署陳寅齊忝知招飯

費尚伊 沔陽人

巴江東下日悠悠向晩孤槎次水頭兩岸燒燈摇掻浦千峰柱笏視晴流津樓永夜惟聞柝徼者何人爲駐騶自是元龍多逸興更須尊酒到滄州

出蜀小作用李蟠峯公壁間舊韻

熊汝達 進賢人

我車自西馳歷嶮日惆悵蜀道古來難黽勉隨所向行役敢言勞服采久慚曠徘徊五斗間來往三峽上風濤日月迴雨岫乾坤障言念萬里身白雲遥相望出門雪載途皇皇作何狀二毛容易侵己覺懲少壯遠遊忘還期富貴安是尚喜度野馬荒茂宰具郊享早晚下夷陵囬頭隔霄壤家慶及稱觴仰沐新恩貺

巴東两

陳文燭 沔陽人四川提學

山閣吹秋雨鄉心此倍生百泉飛樹杪一夜廷江聲歷盡

石門險傳聞前路平明朝叱馭去繚繞望新晴

暇日同徐郡丞登塔院遇雪　王　洋 山陰人湖廣叅政

羣山簇擁梵王宮忽漫屯雲雪蒲空便覺神遊瓊島上不知身在翠微中當杯惜乏高陽興欲賦慚無郢調工獨喜風流陪杖履共看擊壤誦年豊

巴東漫述　陳惟直 弘雅人荆西道

秋風引歸興馳轡到巴東寥落三家市巉嚴萬仞崇江平思夏后栢古憶萊公感慨凴誰語遥看天外鴻

曉發巴東口占

霜枕村雞黄竹雞出門便踏三層梯沙崩橋折不可度耐

可舩行當橋路下坡取得𣟄葉舟提橈推山山逆流水急橈稀勢難上覔得枯𦉪才二丈舩無羊耳凴誰牽倉卒繫之㯭斗邊岸轉岩傾石相戲仰看山路如𦉪細灘頭白㴜是平生者四始破朝雲行那知白日高唐夢猶帶寒江半里程

瀼西曉憩主人樓

虛閣臨江起長途倦晚停客燈春似𦔳漁火遠如星村酒情相洽舟床夢可寧少陵曾此憩應是主人庭

巴峽吟

飛岫嶢巖半空起銀河傾倒巴江水兩岸分開片片雲直

瀉岷峨五千里噴濤駕雪加建瓴萬派瀠洄急于矢中間一豁繞見天嶺上接天天若咫回頭瞬息過幾灘蕩漾行舟看後倚蜀水飛来楚峽流楚山包裹蜀峯裏長年不見峽水平垂綸休羨江魚美梅雨滂沱勢急奔衝泉礉石走溜渾連朝激磕且震撼鐵衣捍蔽夔城門崩厓滚瀨亂湍轉列嵓摩牙不可捫嶺上月水面雲望中忽吞吐眼底長氤氲飛鳥隔天杳難度猿猱援木時成群天馬行空走萬騎掣電轟雷疾如鶩頃之巴西又致東送過巫山峯十二混沌行来不自由青山見人幾行涙世上風波處處有不似歸巴當蜀口君不見蘆花淺水慢行舟潦倒清冷一尊

酒

雪後同徐郡丞吳使君楊明府白塔院登

玉皇閣

鷲嶺高千尺玄宫又百盤白雲披袂軟綠雪暎窓寬載筆

無牧賦登樓有庾歎暄烟催馬足餘興繞闌

過巴東邑尹鄒先生公出不會用壁間曾公韵漫成

以識羨慕之意　何以尚

路入武城三五里絃歌處處動江雲聽餘忘却馳驅若頓

向青山問主君

宿巴東公署有作　郭棐　番禺人

飛旌歸繞千峰外借榻西山萬翠中燒燭細觀循吏傳至今人仰冦巴東

元旦祝聖　郭棐

紫極朝元萬國同微臣遥祝在巴東喜瞻天際星辰爛頻見人間蠟炬紅班伍昔聯雙闕上拜趨今戀五雲中白城五馬吾何補欲罄涓埃有朴忠

小憩巴東望夔次郭麓池壁韵　郭棐

巴東西去是夔州客思春來可自由千里山河從古壯廿年旌旆記曾遊青原迴綻葱蒼色綠水何煩墊溺憂幾度臨風獨搔首愧無勛業紹前修

羅茂宰携尊過談有贈　　郭棐

久盬遊梁譽欣同秉燭談才堪收冀北政自埒周南伯起

真知四中年異續三古賢風範遠今雨可相驂

巴東署中　　王三善永城人郡司理

梅子嶺上望江流石門灘下繫行舟猿聲不斷巫山月樹

到梧桐別館秋

永懷即事

臨圻種竹十千本付入東流一萬年蕭瑟晚風白露下共

垂明月釣江寒

萬曆丙午二月余以使事入蜀從夷陵來下上山碉

歷飛崖恃嶺色甚難之頗有乘危登高之戒矣且歸州一路披山帶水磴道俯瞰江流間有受其蠱者心益怖焉然念叱馬者何人而敢憚此乎晚次巴東見其邑巖巖於疊嶂之麓若掌火翠微隱見在山色有無中而于役君子四壁留咏爛可睹也余小子何敢默焉

郭士望 蘄水人大行

驛路多忘日楊枝最惹眷嵐烟拂曙景江色滋文茵隔颯送征壯懸厓絓鮫人為舒蜀父老豈問臨邛塵

宿巴東公署

駐馬江樓望肅然夜已深星疎隔岸影月小近城陰夕艇

搖漁唱寒空過鳥音浣軒聊命掌一慰旅遊心

過巴東公署漫筆　龔文選長壽人御史

今日關山楚明朝道路蜀浮生憶梗萍浪跡隨車躅倚閣石虹飛臨流沙鷺浴冠公栢有臺翠影清醺醁

壬寅秋縣齋感賦　張尚儒和州人本縣知縣

巴東之邑如丸小疊嶂巉巖江浩淼霪雨侵尋石亂崩祝融煽熾居為燎長官西来守此方蚤起開衙天未曉陰霧濛濛萬壑哀山風颯颯千帆遠頑訳那解急田租儕俗當思脱繒繳滿户蕭條白髮孤一經寥落青雲杳萊公雙栢無遺杖杜子草堂唯啼鳥誰問秋風與白雲坐看明月巴

山皎

履畝長豐宿沿渡河譚家庄對月

張尚儒

驟雨新凉月正圓村人携酒話尊前勸將上頂勤栽樹好向溪邊學引船　時上人有檢河通舟之議

連理棗歌

張尚儒

巴山高峙雄楚寒草木蓊鬱雲靉靆有客忽問棗連理余色欣欣强為對君不見西王玉文味絶嘉四時不凋千歲花安期海上大如瓜延年却老獻王家又不見鄗甘棠思

張巴東連理棗有歌見寄賦此以畣之

謝廷生 和州人 廩生

何年有棗巴之東孿然並秀雙葱蓊分生復合者有竟結
成連理巴山中試問山靈何勃窣歷盡風霜躭歲月六丁
訶護愛異林斧斤牛羊不敢成養就幽芳以到今勞勞橫
目誰知心品題偶遇張堪令一旦華名生寂岑君不見安
邑千株等侯貴爭似嘉祥毓奇氣又不見玉門七尺空浪
傳曾如自擊雙交翠嗟嗟粹含蓬萊去連理如何復生比
我欲究竟不可捫三復宰官閣碑紀崚嶒高閣為誰開巴
水巴山排闥來一覯民生為之喜一感民隱為之哀當時
張侯有長趣不獨標異在茲樹美人登覽有興思巴人因

棗得霖雨興思霖雨兩相矚是棗是閣堪為錄遥知雙柏
比甘棠比與千秋共芳躅

甲辰秋縣譙樓成　司理王公題額來江喜而賦此　張尚儒

荒邑遵西塞高樓逼上台窓含室柏功簾捲洞雲開山色
千巖合江流萬里来佳名應共賞傳自仲宣裁

白雲窩吟　自序　張尚儒

梅子坡當楚蜀通衢素稱險阻行者苦之余率土
人作大士庵於坡腰以便行旅棲息每見白雲
起于巖阿因而漫題窩比昔之白雲亭也

昔道巴東勝白雲亭最幽今入巴東境亭榭成荒丘亭去雲存山不改梅子坡前常靉靉居人為築白雲窩雲與梅花鬬光彩余向山中訪白雲坐卧却同麋鹿群手把梅花弄水月白雲冉冉梅如雪須知此處白雲深不比浮華倏起滅誓共雲樹兩悠悠徜徉天地復何求

謁萊公祠見霖雨之後臺榭傾圮謀捐俸鳩工鼎新之有引　李光前創州人本縣知縣

冦萊公遷治於江之南以便轄土夷意淵穆矣公在巴愛民如子居恒有孤舟盡日橫之詠忠君憂國之念自令巴時便以社稷為任矣厥後位躋台鼎澶淵

之役談唉以定豈偶然哉辛亥臘月余奉命為是邑
令甫蒞治覓遺愛雙栢不得惟有古祠在治後崇岡
耳拜瞻象貌之餘恍若再覯公之精神

寇公祠詩 凡關于寇公者悉附于此

過巴東縣不泊聞有萊公遺跡 宋 蘇軾

萊公昔未遇寂寞在巴東聞道山中樹猶餘手植松江山養豪俊林藪困英雄執板迎官長趨塵拜下風當年誰刺史應未識三公

秋風亭 宋 蘇轍

人知公惠在巴東不識三朝社稷功平日孤舟已何處江亭依舊傍秋風

秋風亭 陸游

江水秋風宋玉悲長官手自葺茅茨人生窮達誰能料蠟淚成堆又一時

過巴東縣懷寇忠愍公　王十朋

製錦王夫早不同至今人道冠巴東澶淵一段奇功業自在孤舟野水中

堂前雙柏今何在渡口孤舟依舊横不似公安插竹處凛然容貌尚如生比通公安謂萊公祠蓋枯竹再生處也巴東祠廢可謂缺典因成二絶以示邑事

弔寇萊公

萊公經濟業忠在巴東詩斯人不復見亭上秋風悲

冠萊公取韋蘇州野渡無人舟自横之句增為十字

見于曾南豐所作公傳則知前輩作詩一言一句皆
有來歷予用其說爲巴東祠記有新進士作詩云語
賞人意爲佳句何與韋郎野渡舟用其韻解嘲
野水再經吟咏手一般景象兩般舟萊公相業韋郎句付
與詩人仔細搜

萊公柏

巴東縣中有雙柏故老相傳寇公植寇公宰邑有遺恩徵
物於人偏愛惜龍髯拂空翠羽垂朽骨未脱蒼虬姿氷霜
不知天地老雨露猶將鱗甲滋銅柯稜稜雪幹直身與寇
公同鐵石河陽滿縣已無花彭澤五株亦摧折何如此柏

與此心萬古千秋同一日豈非勁氣貫乾坤苦節真心共
盤欝君不見魯令尹宰順昌近時拔荼勸種桑民亦惠愛
如甘棠

萊公祠　　明　屠　鏞 鄞縣人 尚書

鐵石胸襟玉雪姿巴山高處有公祠六軍定策親征日百
辟聞風股慄時庭外雨滋初種柏世間人誦舊題詩時巡
昔過公安日更有青青竹一枝

秋風亭　　　　惠　柴

秋風亭上半蒿萊亭上秋風我獨來亭與秋風久無主斷
碑猶自卧荒苔

萊公祠　薛綱 山陰人湖廣提學副使

忠臣非不愛君知自是功高勢必危決策澶淵心似鐵竄身南海命如絲蒸羊不報生前根枯竹還萌死後投今日巴東拜君像高山仰止起遐思

陳銓 永州人御史

惟予謫宰西川日何似先生作邑時野水孤舟空悵望青天紅日繫深思庭前古栢應堪惜江上寒梅只自宜千載悠悠心事別由來氣味一如斯

馬廷用

登登石磴上巴東此地曾經宰寇公鎖鑰望隆終勝敵澶

淵謀決竟成功要知枯竹千莖活須信丹心一點通嶺海閭闕君國拱可憐宋室墮奸中

胡　璉　歸州知州

久知冠老全忠義今到巴東時拜公野渡有舟閑白晝樓臺無地鎖春風三千世界笑談裏百萬貔貅盃酒中屈指乾坤今古事男兒到此是豪雄

沈　慶　餘杭人湖廣僉事

昔聞遺愛在巴東今構靈祠倚學宫白鹿預鳴知上相青山曾對識名公功扶社稷流芳遠忠契君臣錫號隆擬製迎神祠一闋邦人歌祀祝年豐

左明善 富順人 户部員外

萊公祠下參天栢傳是萊公手自移碧蘇繡痕緣直幹野藤牽蔓附高枝四時秀奪乾坤氣萬古青含雨露滋不必紛紛種桃李一番風雨一番悲

王佩 南充人 廣東御史

雙栢春風鳴楚域孤舟晚棹渡瀆淵當時五冠家何在冠老祠堂幾百年

魏瀚 江西布政

廊廟安危力萬鈞泰山喬嶽等嶙峋雷陽何以有此老宋室未知能幾人濟海舟臨横野渡謫居池館動星辰南來

為問崕山相曾似蒸羊廟貌新

夏邦謨 洛州人尚書

試邑敷雄畧崢嶸化不群齊川舟楫具東軸石程分地右

蟠蒼栢亭幽帶白雲悠悠千載後悵望仰清芬

盧雍 東具人四川御史

祠下春深碧草齊祠前香火走群黎秋風古木懷遺惠野

水孤舟感舊題大計手秋河北輦孤忠心繫洛陽犀芳蘋

一薦情何限巫峽雲忻西復西

何鰲 山陰人山東御史

清風弭棹江之東古廟森森霄漢中松栢千尋遺楚愛烝

嘗百代走巴翁澶淵匡國真英畧雷海投荒本素忠晚渡

斜陽訊漁子至今猶説冠巴東

萊公八詠　　　　　　　　　　　盛　果

巴東在三峽間山川險勝甲於荆南冠萊公嘗令

此功德深厚神相民歸其故址遺踪及後人追慕

之跡猶耿耿未泯今予繼公政於五百年後弔古

闡幽興衰振廢因取其關於公者摘為人題各系

以詩置於公祠之側使後之君子登覽於斯亦可

以見公始終德業之盛云

白鹿憐人意山僧不解鳴自從庭栢老依舊野花明峽峻

江流遠風高月影清芳聲未可繼袖手看舟橫

涂允寬 泉州人本縣教諭

巫峰雲靄甘棠雨峽水波縈野渡舟庭栢後凋天地老那同桑海計春秋

謁萊公祠 四首　吳節

生來自是濟川才不逐凡庸混草萊宋室元勳安社稷何須有地起樓臺

親扶日轂屹如山景仰奇功不可攀為問崖州丁相國九泉相見果何顏

野渡舟橫寓興多汪洋襟度孰能過安邊破敵攄籌策雲

漢昭回耿不磨

白雲深鎖古靈祠惠在巴民去後思幾度令人仰忠義為

摩蒼蘚讀殘碑

寇公祠　　　　　　　　　　　　　　王在晋

渭水巴江繫宦情濟川舟楫見才名鹿鳴預識人將至竹

苑能令葉再萌日輦北征凴壯氣蠻烟南竄老餘生重來

試問崖山客為羨雷州道路平

王　洋

齋心祇謁薦江蘺肅肅忠魂儼在兹策定澶淵輕萬壘計

留鎖鑰重千師始知社稷經綸手養就巴渝製錦時一謫

嶺南嗟不返幾多遺跡繫長思

秋風亭　王　洋

秋風亭下水流澌鴈落巫陽日崦嵫白鹿不來餘蔓草玄猿時復挂茅茨烟波兩岸孤舟渡香火千年古栢祠科理從前今日事清風高節信吾師

謁寇公祠　劉　絑　江陵人　庠生

画省聞名舊山堂覩像瑰由來勛國手必借濟川才鎖鑰鴻聲重經綸始政培于今千仭壁直氣聳雲隈

吊寇萊公　有序

余卒巳人修公祠擧祀事已而置梅溪碑于祠内

悉聞公見夢白譚壁冤事又甚異之用綴數言

巴子國東雲日薄江聲磝磕山如削擁盡行吟訪故踪萊公遺愛良堪愕當年出宰繞踰冠黄魔陰護離灘難大書名姓揭縣門掃卭牒符民不叛雙栢青青庭下栽秋風瀟灑白雲臺手扶日轂驅强盧身竄南荒萬户哀詎知五百餘年後荒祠古瓦風雨漏梅溪片石已苔侵英靈猶自通聲臭顧向使君夢中揖為道巴民冤岌岌須臾冤白使君驚匍匐祠前長鳴咽况復衣冠立民上忍使含冤泣相向紛紛鞭朴誰氏子狂呼大叫羞亡狀仰止英風一吊過江雲野霧增惆悵

西瀼杜公草堂詩

按夔志夔自百瀼西前令以西瀼為瀼西建祠祀公所以寄仰止之思也故錄公瀼西詩而吊古者附之

瀼西寒望

水色含群動朝光切太虛年侵頻悵望興遠一蕭踈後挂時相學鷗行烟自如瞿塘春欲至定卜瀼西居

瀼西入宅

杜甫

宋玉歸州宅雲通白帝城吾人淹老病旅食豈才名峽口風常急江流氣不平只應與兒子飄轉任浮生

卜居

歸羨遼東鶴吟同楚執珪未成遊碧海著處覓丹梯雲嶂

寛江北春耕破瀼西桃紅客若至定似昔人迷

暮春題瀼西新賃草屋五首　杜甫

久差三峽落再與暮春期百舌欲無語繁花能幾時谷虛
雲氣薄波亂日華逢戰伐何由足哀傷不在茲
北郊千樹橘不見比封君養拙干戈際全生麋鹿群畏人
江北草旅食瀼西雲萬里巴渝曲三年實飽聞
綵雲陰復白錦樹晚來青身世雙蓬鬢乾坤一草亭哀歡
時自短醉舞為誰醒細雨荷鋤立江猿吟翠屏
壯年學書劍他月委泥玖事主非無祿浮生即有涯高齊
依藥餌絕域改春華喪亂丹心破王臣未一家

欲陳濟世策巳老尚書郎不息豺狼鬬空慚鴛鷺行時危
人事急風逆羽毛傷落日悲江漢中宵淚滿牀

晚登瀼上堂　　杜甫

故躋瀼岸高頗兑崖石擁開襟野堂豁繫馬林花動雉蝶
粉如雲山田麥無隴春氣晚更生江流静猶湧四序嬰我
懷群盗久相踵黎民困逆節天子渴垂拱所思注東北深
峽轄循聳衰老自成病郎官未為凡凄其望吕葛不復夢
周孔濟世數嚮將斯人各枯家楚星南天黑蜀月西霧重
安得隨鳥翎迫此懼將恐

秋峽

江濤萬古峽肺氣久衰翁不寐防巴處全生狎楚童冠裳
垂素髮門巷落丹楓嘗恠商山老兼存翊贊功

杜公祠　　　明　劉　勲　左布政

白首避地荆南洲赤甲遷居瀼西頭空遺古調寄壓跡却
憶窮途成勝遊寂寞湘江山月冷肅森巫峽樹雲秋祠前
滚滚兼天浪不盡當年故國愁
勝跡青山萃紫烟

杜公祠　　　王在晋

桃紅迷客問江村旅食遷來赤甲屯巫峽舊傳唐律在瀼
西寧復草堂存秋高白帝聞啼鳥楓落巴山聽斷猿莫向

遼東羨歸鶴賽蠻神曲舞蹲蹲

壽寧寺詩

題巴東寺　　宋　寇準

寺在啼猿外門開石澗涯山深微有徑樹老半無枝望遠雲長暝談空日漸移恐朝金馬去還失白蓮期

遊山寺　　明　譚思敬邑人給事中

乾坤清味在閒行莫遣蹉跎節序更携客有懷隨一榼逢僧無暇問三生江山極愛人禽樂盡夜從數蝠燕爭薄晚馬嘶芳草路花前新日隔溪明

王　儉邑人都御史

寶坊簷外響鳳鈴晴汎春光玉宇清徐踏蒼苔尋故跡先

鳴白鹿喜遺磬山花隅水合紅錦溪鳥藏雲展翠屏老衲
掃門迎墨客香消寶鴨掩殘經

楊遇春 邑人左春坊

春晴踏翠過清溪茂樹輕風幽鳥啼弱柳幾絲臨淺水落
花數片點香泥莓苔曲徑逢僧話寺壁浮埃待客題興廢
不知山簡醉夕陽歸馬小橋西

湯相 邑人舉人助教

尋幽覽勝愛携朋小店馨香洒甕澄花笑溪頭遥迓客馬
穿雲裡屢逢僧遊人癖有風騷樂老衲空談小大乘坐石
山門看絶景古松高掛到天藤

王　璽　邑人通判

小齋清暇了無愁，閒訪雲中山寺幽。遂谷相傳白鹿遠，古詩猶喜碧紗留。翺翔絶頂尋仙客，談笑芳樽學醉劉。半日清懽吟不盡，花風香暖鳥喧啾。

盛　果

古巴山聳最高岑，環遶僧居一逕深。荒塹赤崖麋鹿跡，寒泉皓月老禪心。談經燈下時敲磬，披衲雲中閒撫琴。寄語相傳衣鉢者，塵氣半點莫教侵。

山門次韻　趙仲教　黄巖人本縣教諭

入山偶共老僧談，抖擻塵衣陟翠嵐。樽酒疑分幽澗綠，坐

賓悦似小飛酣風花盡向吟中得蕉鹿良非夢裡看劇愛
溪山無鎖鑰偷閑踏破白雲菴

聽上人大拙言夢　趙仲教

暮春談笑方丈中驚聞大拙清宵夢三林松列寶坊前翠
鬣蒼髯龍欲動朝来邂近二三客同坐蒲團享僧供想是
西方佛有靈燈下先將消息送當年白鹿匪虛鳴瞿曇吉
夢今猶中相留一醉盡清懽頹然自倒花前甕

九日登高過壽寧　王士　邑人貢士

乾坤佳景最宜人林薄風生高意清山脚黄花香晚節樹
頭紅葉賽芳春墨客暫為蒼鹿友寺僧僻與白雲隣捫參

一展登高興千載牛山跡已陳

雪情偶行山寺　譚以貴 邑人長洲縣丞

日曝溪橋雪欲乾同雲飛盡見瑶天蒼虬不變長松葉碧樹猶聞白鹿泉夢覺寒窓思訪戴行吟僻寺若叅禪無邊景物環僧屋開到梅花又一年

次冠公題山寺韻　白九洲 邑人鄷都知縣

青山環古寺江水杳津涯倦鶴投孤嶼驚猿過別枝花香風外渺樹影月中移騷客分僧供殘鍾不失期

遊壽寧寺分韻得霽字　朱登用 邑人榮昌主簿

李桃紅白鬬春麗龠聲百合香風細勝景撩人逸興生踏

翠溪頭笑連拱一杯酒勝身後名春光肯遣蹉跎逝狂歌

火笑出山門岩穴雲歸雨初霽

題寺壁分韻得翰字

潛移星象年華換新春堪賞兼堪玩紅錦煙桃開正鮮青

絲風柳吹不斷追思秉燭古人遊取醉樽前爵無算僧童

掃壁請留題却笑瞿曇識詞翰

題山寺分韻得屋字　　徐珮　邑人庠生

計日一年三百六冷笑粗人恒碌碌險佑環奇山水州不

及閒行鬢已禿狂予追逐工三友帶酒携詩扣僧屋斜日

溪頭興未闌窮幽還借孤峯宿

題山寺分韻得藥字　　朱相　邑人

春膋曉鶻聲錯落一洗江天散雲幕愛取梨花泰酒香提壼無負山中約花盈高樹柳盈川尋芳自有春風落歌殘酒散唤奚奴荷鋤雲裡尋靈藥

壽寧寺得天字　　陳所學　巴陵人本縣教諭

梵刹蒼烟白石巔漫隨清磬入瑶天倦遊塵刼三生夢間覔空間一味禪洞口青松巢野鶴雲中丹磴湧寒泉微董殿閣心初定願借山僧半榻眠

譚光啟　邑人

黄金沙界倚雲邊遥滴長江一鏡天鹿洞烟霞偏杳靄禪

窻風月自清妍石泉酌沁詩脾冷松栢揮聆象教玄此日
高歌在我得千峯盡落酒杯前

壽寧寺張明府招飲　德 雲南人荆州府同知

峰巒繞雨過紫翠望中橫危石稀人跡幽谿聽鹿鳴雲封
祇樹迴花傍綺筵明徒倚情無限何時續舊盟

秋夜壽寧寺懷古　鄭應學 應天人庠生

遥轉崇山合門虛落蔭多微颸沈夜磬幽梵出重阿白鹿
今何在清風世不磨峰頭一片雨秋色冷林柯

中秋宿壽寧禪院　鄭應學

秋氣連霄爽琳宮盡日幽長林飛素鳥曲岸淨寒流妙舞

花前酒清歌月下舟婆娑參慧遠禪榻共淹留

過壽寧寺相公泉　汪汝淮

匹練涓涓化國縣寒飛玉削扣禪關錫當有日來南土杯與何時渡北舷香泛紫芝迎瑞鹿光摇皓魄浸嬋娟塵襟坐此渾如滌幾欲浮槎日月邊

重過相公泉　汪汝淮

古寺寒泉夏如秋相逢莫厭數停騶肅森爽氣侵人骨蕩瀁清光洗客眸長嘯不妨空谷響高懷未許俗流投知心此際休辭醉明日陰晴孰與謀